CHRISTIE'S GROSSES
TEDDY BUCH

COLLECTION
ROLF HEYNE

LEYLA MANIERA

CHRISTIE'S GROSSES TEDDY BUCH

COLLECTION ROLF HEYNE
MÜNCHEN

Für William

Titel der englischen Originalausgabe:
Christie's Century of Teddy Bears
Deutsch von Sylvia Azcueta

Die Originalausgabe erschien im Verlag Pavilion Books Limited,
London House, Great Eastern Wharf, Parkgate Road, London SW11 4NQ
Text Copyright © 2001 by Leyla Maniera
Copyright © 2001 der deutschen Ausgabe by Collection Rolf Heyne GmbH & Co. KG, München
Umschlaggestaltung: Hauptmann & Kampa Werbeagentur, CH-Zug
Fachredaktion: Erika Casparek-Türkkan
Herstellung: Karlheinz Rau, München
Satz: Stefanie Baiter, München
Druck und Bindung: Conti Tipocolor, Florenz

ISBN 3-89910-129-4

Printed in Italy

INHALT

Tipps für Sammler, Glossar, Teddybär-Museen, Hersteller von Teddybären,
Bärenkünstler, Teddybär-Clubs, Teddybär-Zeitschriften, Webseiten zu
Teddybären, Christie's-Adressen, Ausgewählte Bibliographie, Register,
Danksagung

ÜBER CHRISTIE'S

Der Name Christie's steht in der ganzen Welt für Kunst, Sachverstand und Kennerschaft. Im Jahre 1766 eröffnete James Christie sein Auktionshaus in London und rief damit das weltweit erste seiner Art für schöne Künste ins Leben. Christie's Ruf etablierte sich in den ersten Jahren, als der Verkaufsraum von James Christie ein moderner Treffpunkt sowohl der georgianischen Gesellschaft als auch für gut unterrichtete Sammler und Händler wurde. Christie bot Künstlern sein Auktionshaus für Ausstellungen an und genoss die Freundschaft von einflussreichen Persönlichkeiten dieser Zeit, wie zum Beispiel Sir Joshua Reynolds, Thomas Chippendale und Thomas Gainsborough. Die größten Auktionen des 18. und 19. Jahrhunderts wurden von Christie's durchgeführt. Dort versteigerte Kunstwerke hängen heute in den großen Museen der Welt.

Im Verlauf seiner langen Geschichte wurde Christie's zum führenden Auktionshaus der Welt. Es bietet Versteigerungen in über 80 verschiedenen Kategorien an, zu denen sämtliche Bereiche der schönen und angewandten Kunst sowie Sammelobjekte, Weine, Briefmarken, Automobile, ja selbst Ladungen von untergegangenen Schiffen zählen. Jedes Jahr gibt es Hunderte von Auktionen, auf denen Objekte aller Art verkauft und die unterschiedlichsten Sammlerinteressen bedient werden.

Käufer und Besucher werden feststellen, dass Christie's Galerien Ausstellungen anbieten, die es mit jedem Museum aufnehmen können. Anders als die meisten Museen kann man jedoch jedes Objekt in den Verkaufsräumen berühren und aus der Nähe untersuchen.

Auktionen sind eine aufregende Art, seltene und interessante Objekte aus der ganzen Welt zu erstehen. Die Verkaufsräume sind eine wahre Fundgrube an Gegenständen; doch während einige der Arbeiten zu Preisen verkauft werden, die eine Medienhysterie hervorrufen, sind viele der bei Christie's angebotenen Gegenstände selbst für den Sammlerneuling erschwinglich. Insider wissen, dass Auktionen ein ausgezeichneter Ort sind, um außergewöhnliche Stücke zu vernünftigen Preisen zu erstehen.

Teddybären waren in den letzten 20 Jahren ein überaus beliebter Sammelgegenstand. Sie sind oft mehr als nur historische Gegenstände, denn jeder besaß in seiner Kindheit selbst einen Teddybären und hat folglich einen Bezug zu ihnen, wobei berühmte Bären wie Aloysius, Pooh, Rupert und Paddington die Anziehungskraft noch verstärken. Bären sind bedeutende (und manchmal teure) Sammelobjekte geworden – Christie's verkauft Teddybären auf zwei Auktionen in jedem Jahr. Diese Termine stellen inzwischen ein Highlight im Kalender eines jeden Sammlers dar.

EINLEITUNG

Unten: James von Steiff, 1999. Limitierte Ausgabe anlässlich des 25. Geburtstages von Christie's, South Kensington.

Der Teddybär wird als das beliebteste Spielzeug der Welt bejubelt und ist in den letzten einhundert Jahren von Kindern und Erwachsenen gleichermaßen geliebt worden. *Christie's großes Teddybuch* skizziert die Entwicklung des Bären, der sich von einem bescheidenen Spielkameraden zu einem wertvollen Sammelobjekt gewandelt hat, welches heute den Stofftiermarkt dominiert und für das Christie's seit 1993 eigene Auktionen eingerichtet hat. Dieser Wandel ist zum großen Teil darauf zurückzuführen, dass sich in den letzten Jahrzehnten eine immer größere Zahl von Erwachsenen dazu bekannt hat, dass sie ihre alten Teddys lieben und bereit sind, immer größere Summen für Teddys älterer Jahrgänge zu zahlen, besonders für die der Margarete Steiff GmbH, dem Unternehmen, das für die Herstellung des ersten Teddybären der Welt im Jahre 1902 verantwortlich zeichnet. Heute übersteigen die Preise, die für die seltensten Bären erzielt werden, die finanziellen Möglichkeiten vieler Sammler. Die Hersteller haben darauf reagiert, indem sie Repliken der gefragten Serien in limitierter Auflage produzieren, die allein für den Sammlermarkt bestimmt sind. Diejenigen jedoch, die nur an Originalen interessiert sind, haben sich auf spätere Modelle und Spielzeuge verlegt, die von weniger beliebten Herstellern gefertigt wurden.

Eine unerfreuliche Folge der zunehmenden Beliebtheit des Teddybären ist, dass in den letzten Jahren Fälschungen auf dem Markt aufgetaucht sind. Die Sammler sehen sich zunehmend unter Druck, sich von großen Summen Geldes zu trennen, ohne zu wissen, ob die Bären tatsächlich sind, was sie zu sein scheinen. Um zu vermeiden, dass man getäuscht wird, ist es immer besser, aus gesicherter Quelle zu kaufen – zum Beispiel einem Auktionshaus – und mit so viel Wissen zum Thema wie möglich gewappnet zu sein. Zu diesem Zweck skizziert *Christie's großes Teddybuch* den Werdegang der führenden Teddybär-Hersteller – wie zum Beispiel Steiff, Ideal, Bing, Schuco, J. K. Farnell, Merrythought und Chad Valley – und beschreibt die Persönlichkeiten, die diese Firmen groß gemacht haben. Des Weiteren werden wichtige Informationen zu Herstellungsdaten und -verfahren gegeben, die Sammler dabei unterstützen sollen, das Echte vom Falschen unterscheiden zu können. Letztendlich sammeln Menschen jedoch Teddys, weil sie sich unwiderstehlich zu ihnen hingezogen fühlen, und so erzählt dieses Buch auch die Geschichte einzelner Bären, die das Leben ihrer Familien und aller anderen, die mit ihnen in Kontakt gekommen sind, beeinflusst haben.

Viele Hersteller haben versucht, dem Teddybären seine beispiellose Popularität durch andere Stofftiere streitig zu machen, doch sie sind sämtlich gescheitert. Eine Erklärung für den phänomenalen Erfolg dieses Geschöpfes ist, dass es zu einem Zeitpunkt kam, als ein großes Bedürfnis für ein Stofftier bestand, das beiden Geschlechtern gefiel, da man Puppen als etwas ungeeignete Spielzeuge für Jungen betrachtete. Die meisten Teddybären gelten als männlichen Geschlechts und werden in diesem Buch als »er« bezeichnet, mit einigen Ausnahmen.

Die physischen Eigenschaften des Bären müssen ebenfalls zu seinem Erfolg beigetragen haben. Anders als die meisten Puppen jener Zeit, die zerbrechlich und empfindlich waren, konnte der Teddy raue Handhabung überstehen. Peter Bull, ein Bärenliebhaber oder englisch »arctophile« – ein Wort, das sich von den griechischen Begriffen *arktos* (Bär) und *philos* (liebend) ableitet – sowie Autor von *Bear with Me*, hat seine eigene Erklärung für das Phänomen:

»Umfassende Sicherheitsmaßnahmen sind der dem Bären innewohnenden Natur bedeutend ähnlicher, zumindest spenden auch sie Trost bis zu einem gewissen Grad. Eine Puppe scheint (in meinen Augen) ziemlich eitel und völlig egoistisch zu sein. Der Teddy besitzt physische Eigenschaften, die augenblicklich einen selbstlosen Anschein erwecken. Man weiß instinktiv, dass er da ist, um zu helfen. Und wehe dem, egal welchen Alters, der sich plötzlich seiner Dienste beraubt sieht.«

Die gleichen Gefühle wurden von einem der führenden britischen Dichter des zwanzigsten Jahrhunderts, Sir John Betjeman, zusammengefasst, der seinen eigenen Teddybären, Archibald Ormsby-Gore, folgendermaßen beschreibt: »Mr. Archibald Ormsby-Gore ist bei mir, so lange ich denken kann. Sitzend ist er ungefähr 30 cm groß, und er ist an vielen Stellen ausgebessert worden. Seine Augen sind aus Wolle, seine Ohren und Nase aus irgendeinem Stoff. Ursprünglich hatte er ein goldenes Fell, davon ist jedoch nur noch etwas auf seinem Rücken und dem Allerwertesten übrig. Er sieht sehr protestantisch aus.« Im Jahre 1960 drückte Betjeman die Bedeutung seines Teddys in seinem autobiografischen Gedicht *Summoned by Bells* aus.

Seit dem ersten Aufkommen des Teddybären im Jahre 1902 ist Kindern (und einigen Erwachsenen) bewusst geworden, dass er nicht nur ein Stofftier ist, sondern auch ein Kamerad, der ihre größten Erfolge und ihre vernichtendsten Niederlagen mit ihnen teilt, der ihnen in Zeiten des Kummers Trost spendet und sie bei großen und kleinen Abenteuern begleitet.

Oben: Teddy Baby von Steiff, Anfang 1930. Dieser fröhliche Bär erfreute sich während der 1930er Jahre enormer Beliebtheit.

Einige Bären müssen mehr umsorgt werden als andere: Der fiktive Aloysius in Evelyn Waughs Roman *Wiedersehen mit Brideshead* macht seinem Besitzer, Sebastian, permanent Sorgen. Einmal schrieb Sebastian an seinen Freund Charles: »Ich

Sicher waren jene Abende der Vorkriegswelt

Als der Schein des Feuers auf grünen Linoleum schien;

Ich hörte, wie die Kirchenglocken den Himmel aushöhlten,

Tiefer und immer tiefer, wie niemals endende Sterne,

Und wandte mich an Archibald, meinen sicheren alten Bären,

Dessen wollene Augen mich traurig oder froh ansahen,

Dessen breite Stirn ich mit Tränen tränken konnte,

Dessen halbmondförmige Ohren meine Geheimnisse aufnahmen,

Der mich zum Lachen brachte, mich nie im Stich ließ,

Stundenlang wartete ich darauf, dass er sich bewege,

Überzeugt davon, er könne atmen. An einem schrecklichen Tage

Versteckten sie ihn vor mir als Bestrafung:

Manchmal holt mich die Trostlosigkeit dieses Verlustes

Ein, und ich muss die Treppen hinaufgehen,

Um ihn in dem Sägemehl zu sehen, sozusagen

Sicher zu seinem Götzenanbeter zurückgekehrt.

habe Lust, Aloysius mit nach Venedig zu nehmen, doch ich möchte nicht, dass er viele schreckliche italienische Bären trifft und sich von ihnen schlechte Manieren abguckt.«

Edward Berkshire war nur eine halb so große Nervensäge wie Aloysius, und dennoch verursachte er seinem ursprünglichen Besitzer genauso viel Herzschmerz. Im Jahre 1993 wurde Christie's von einer charmanten achtzig Jahre alten Dame gebeten, ein neues Zuhause für ihren glorreichen Bären zu finden. Sie hatte keine eigene Familie, der sie Edward vererben konnte, und machte sich daher Sorgen, dass er eines Tages allein zurückbleiben würde. Edwards Besitzerin trennte sich auch von einem entzückenden Foto ihrer selbst, das sie als Einjährige mit ihrem Bären zeigt, worüber man das Herkunftsland – Deutschland – und das Jahr der Geburt – 1914 – identifizieren konnte.

Gegenüber: Deutschland, Edward, ca. 1914, zusammen mit seiner ursprünglichen Besitzerin. Das Foto wurde dazu verwendet, diesen Bären zu datieren.

Im Jahre 1907, während der ganz frühen Jahre der Herstellung des Teddybären, fasste Caroline Ticker, eine Journalistin aus Boston für das *New England Magazine*, die Wirkung des Teddybären zusammen, als sie schrieb:

»Der Teddybär ist da, und er wird bleiben, so perfekt ist sein raues Äußeres dafür geschaffen, in die vielen speckigen Arme zu passen, die sich nach ihm ausstrecken. Er ist nicht nur Bär genug, um über jugendlicher Kritik zu stehen, sondern wird von jenen halb menschlichen Eigenschaften beherrscht, die ihn zu einem ausgezeichneten Begleiter für junge

Menschen machen. Jeder Zentimeter an ihm ist Bär, und dennoch verkörpert er genau jene Eigenschaften von Puppen, die bei Kindern heute gefragt sind. Er ist gut gefertigt und in Form gebracht. Sein Kopf lässt sich wirklich drehen, und seine Beine lassen sich schön daran anpassen. Er besitzt außerdem das kostbare Geschenk wahrer Anpassungsfähigkeit; man kann ihn kriechen, klettern, stehen oder sitzen lassen, und in jeder Pose ist er nicht nur herrlich er selbst, sondern wird für den phantasievollen Besitzer zudem zu jedem beliebigen Wesen, das dieser von ihm verkörpert haben möchte.«

Um zu verstehen, wie ein solches Vorbild entstehen konnte, ist es hilfreich, das Tier zu studieren, auf dem es basierte, seine Rolle in Mythen und Volksmärchen sowie die Kinder, für die es entworfen worden war, und die Umstände, die zu seiner Herstellung führten.

Die Bärenfamilie

Der erste Teddybär ging auf den Grizzlybären zurück. Seither haben sich die Hersteller von anderen Bären inspirieren lassen, besonders dem amerikanischen Schwarzbären, dem Eisbären und dem Pandabären.

Die direkten Vorfahren des modernen Bären erschienen auf der Erde vor ungefähr zweieinhalb Millionen Jahren. Die Mitglieder dieser *Ursus*- (Bären-) Familie spalteten sich später in verschiedene Evolutionslinien: zwei in Asien – die Schwarzbären und die Braunbären – und die dritte in Europa. Der europäische Bär, *Ursus spelaeus* oder Höhlenbär, starb vor Tausenden von Jahren aus, und seine Lebensräume wurden größtenteils von dem Braunbären übernommen. Heute finden sich Bären auf vieren der sechs Kontinente (ausgenommen Antarktis und Australien) und lassen sich in acht verschiedene Gruppen unterteilen.

Der Braunbär (*Ursus arctos*) findet sich in der gesamten nördlichen Hemisphäre, darunter in Nordamerika und Eurasien (besonders in den Ländern der ehemaligen Sowjetunion). Die Bären leben bevorzugt in bewaldeten Bergregionen, großen Flusstälern und auf offenen Wiesen. Ihre schweren, struppigen Pelze variieren farblich von schwarz über zimtfarben zu goldfarben und unterscheiden sich durch verschiedene muskuläre Buckel auf ihren Schultern. Der Grizzlybär ist eine große Variante des Braunbären aus Nordamerika. Seine braunes Fell hat cremefarbene oder weiße Spitzen, die ihm ein graues Aussehen verleihen, daher sein Name. Obwohl der Braunbär aus großen Teilen Europas vertrieben worden ist, nimmt man an, dass es in Spanien, Frankreich und Italien noch immer vereinzelte Populationen gibt.

Man glaubt, dass Eisbären (*Ursus maritimus*) von den Braunbären abstammen, sich jedoch an das Leben in dem extremen Klima der Polarzonen der nördlichen Hemisphäre, besonders Kanadas, der USA, Norwegens und Grönlands, angepasst haben. Diese hervorragenden Schwimmer sind auf den Eisschollen der nördlichen Küstenlinien zu finden, wo sie nach ihrer Lieblingsbeute, der Robbe, jagen. Eisbären besitzen einen dicken weißen oder gelblichen Pelz, der in ihrer verschneiten Umgebung als Tarnung dient und vor Kälte sowohl im Wasser als auch an Land schützt. Unter ihrem Pelz ist ihre Haut schwarz, was ebenfalls die Wärme speichert.

Der amerikanische Schwarzbär (*Ursus americanus*) ist in Nordamerika am weitesten verbreitet und findet sich von der nördlichen Baumgrenze der arktischen Regionen bis hinunter in die größten Teile Kanadas und der USA. Auch er mag Wälder mit vereinzelten offenen Flächen. Wie sein Name bereits andeutet, ist das Fell dieses Bären oftmals schwarz, wenngleich es auch verschiedene Brauntönen aufweisen kann. Er unterscheidet sich von dem Braunbären durch den fehlenden Buckel auf seiner Schulter.

Gegenüber: Hans Long, Kragenbär, 1930, Öl auf Leinwand, 100,2 x 68,5 cm.

Die vierte Gruppe der bärenartigen Bewohnerder der beiden amerikanischen Kontinente sind Brillenbären (*Tremartos ornatus*). Sie heißen so, weil ihr struppiges schwarzes Fell von charakteristischen weißen Markierungen um die Augen unterbrochen wird, was den Bären aussehen lässt, als trage er eine Brille. Man vermutete, dass es jetzt nur noch weniger als 2000 Brillenbären in der Welt gibt, weil ihr bevorzugtes Habitat, die dunklen Wälder Südamerikas, schnell verschwinden.

Die Politik der Abholzung in ganz Asien vernichtet auch die Bärenpopulationen dieses Kontinents. Der asiatische Schwarzbär (*Ursus thibetanus*) lebt in den feuchten, großblättrigen Wäldern und im Buschland Zentral- und Ostasiens, einem Habitat, in das der Mensch immer weiter vordringt. Dies ist ein Grund, warum die Bären nunmehr zu den bedrohten Tierarten zählen. Ein weiterer ist der, dass sowohl ihr Fleisch als auch ihre Knochen bei den Chinesen auf Grund ihrer angeblichen Heilkraft hoch begehrt sind. Die Bären haben ein sehr dickes, schwarzes Fell mit einer sichelartigen Färbung auf der Brust – oder einen mondförmigen, gelben oder cremefarbenen Fleck – und tragen daher den Spitznamen Mondbären des Tibet.

Malaienbären (*Helarctos malayanus*) sind die kleinsten Bären der Welt. Die Abholzung in solchen Ländern wie Burma, Thailand, Laos, Kambodscha, Vietnam und Borneo hat dazu geführt, dass dieser Bär, der ein guter Kletterer ist, kurz vor dem Aussterben steht. Er hat ein kurzes, dichtes, schwarzes Fell mit einer gelblichen, u-förmigen Markierung auf der Brust.

Im späten 18. Jahrhundert wurde der Pelz eines Lippenbären (*Melursus ursinus*) an Dr. George Shaw im Britischen Museum in London geschickt, der ihn fälschlich als Faultier klassifizierte. Als 1810 ein lebender Bär nach Großbritannien geschickt wurde, klassifizierte man ihn erneut, dieses Mal als einen Bären. Heute leben zwischen 7000 und 10000 Lippenbären in den tropischen oder subtropischen Regionen Sri Lankas, Indiens, Bhutans, Nepals und Bangladeschs, doch ihre Zahl verringert sich schnell. Lippenbären sind zum großen Teil nachtaktiv und können schlecht sehen und hören, haben jedoch einen exzellenten Geruchssinn. Ihre Schnauze und ihre Nase haben sich im Zuge der Evolution stark verändert, so dass sie nun gut angepasst sind, um ihre Lieblingsnahrung auszusaugen: Termiten. Ihr langes, struppiges, schwarzes Fell hat eine v-förmige Markierung in Gelb oder Weiß auf der Brust.

Zu guter Letzt gibt es noch den Großen Panda (*Ailuropoda melanoleuca*), der bis Ende der Achtzigerjahre der Klasse der Waschbären und der kleineren Pandas zugeordnet wurde, jedoch, wie man dann durch DNA-Tests feststellte, eher der Familie der Bären angehört. Diese schwarzweißen Bären mit ihren charakteristischen Flecken um die Augen gibt es derzeit nur in den feuchtkalten Nadelwäldern im Inneren Chinas, wo sie sich fast ausschließlich von Bambus ernähren. Leider dringen Bauern immer tiefer in ihre Lebensräume ein, so dass man heute schätzt, dass es nur noch ungefähr 700 bis 1000 wild lebende Großen Pandas in der Welt gibt.

Der Koala (*Phascolarctos cinereus*) ist immer ein beliebtes Modell bei den Teddybär-Herstellern geworden, obwohl dieses baumbewohnende Beuteltier eigentlich nicht mit der Bärenfamilie verwandt ist. Auf Grund seines teddyähnlichen Aussehens lag es jedoch auf der Hand, ihn – sehr erfolgreich – als Stofftier zu vermarkten.

Bären in Mythen und Legenden

Seit Tausenden von Jahren haben Bären eine wichtige Rolle in den Legenden und Volksmärchen auf der ganzen Welt gespielt. Der Grund, warum die Menschen früher instinktiv von Bären fasziniert waren, ist komplex. Zum Teil liegt es jedoch wahrscheinlich daran, dass diese Tiere mächtige Gegner waren, die oft aufrecht gingen (Bären sind wie Menschen Sohlengänger, so dass sowohl die Ferse als auch die Zehen beim Gehen Bodenkontakt haben). Vor ungefähr 75 000 Jahren erhob der Neandertaler den nunmehr ausgestorbenen Höhlenbären zu einem Gott, und seither haben Bärenkulte immer neben den orthodoxeren Religionen existiert. Bis heute spielt der Bär eine wichtige Rolle bei den schamanistischen Ritualen der Lappen, der Inuit, der nordamerikanischen Indianer und der japanischen Ainu. Obwohl sich einige dieser Völker immer noch von der Bärenjagd ernähren, respektieren sie die Kraft und die Fähigkeiten des Tieres und ehren weiterhin seinen Geist, wenn es tot ist.

Ein weiblicher Bär war das Symbol von Artemis, der Göttin der Jagd im Pantheon des antiken Griechenland (in der römischen Mythologie ist sie als Diana bekannt). Die Verbindung zwischen dem Tier und der Göttin wurde in Brauron in Attika deutlich, wo die jungen Mädchen auf einem Fest für Artemis Bären darstellten. Der römische Dichter Ovid erzählt die Geschichte von Kallisto, einer Nymphe, die

Artemis diente und, wie die Göttin, Keuschheit geschworen hatte. Kallisto wurde von Zeus, dem Vater der Götter, verführt, der sie täuschte, indem er die Gestalt ihrer Gebieterin annahm. Das Ergebnis dieser Verbindung war ein Sohn, Arkas. Kallisto wurde für ihre Unbedachtheit bestraft, indem sie entweder von Hera, der rachsüchtigen Frau des Zeus, oder von der unversöhnlichen Artemis in einen weiblichen Bären verwandelt wurde. Sie wurde später getötet, wahrscheinlich von ihren eigenen Sohn. Zeus setzt Kallisto dann in den Himmel als die Sternenkonstellation, die heute als der Große Bär bekannt ist. Arkas wurde zum Kleinen Bären oder Arcturus, dem hellsten Stern der nördlichen Hemisphäre. Die Region der Bärensterne, die Arktis, hat ihren Namen ebenfalls von dem griechischen Wort für Bär, *arktos*.

Der Bär spielte auch in der Mythologie der keltischen Welt eine bemerkenswerte Rolle. Die Göttin Artio, deren Name vermuten lässt, dass sie vielleicht mit Artemis verwandt war, wurde durch einen weiblichen Bären dargestellt. Eine Bronzestatue der Göttin, die Früchte hält, um einen Bären zu füttern, wurde im schweizerischen Bern gefunden. (Die Stadt ist bis heute dem Bären eng verbunden: Das Tier ist ihr Maskottchen, und Bären sind in Bern seit 1480 in Gruben auf Kosten der Bürger gehalten worden.) »Art« bedeutet Bär und ist die Wurzel früher britischer Namen wie Artgenos, Arthgal und Arthur. Die Worte »matus« (gallisch) oder »math« (irisch) bedeuten ebenfalls »Bär« und lassen sich in dem gälischen Namen Mac Mathghamhna erkennen, was »Sohn des Bären« bedeutet.

Gegenüber: Steiff, ca. 1920. Ein kleiner weißer Bär, dessen große braune Augen geradezu berührend wirken.

Es ist wahrscheinlich, dass der Bär auch in der frühen russischen Mythologie eine große Rolle spielte. Er war zweifellos eine beliebte Figur in der volkstümlichen Überlieferung des zwölften Jahrhunderts und wurde oft eingesetzt, um die guten Eigenschaften des gemeinen russischen Volkes zu symbolisieren. Anfang des 18. Jahrhunderts tauchte der Bär (oft Mishka genannt) in vielen Geschichten auf, die das Unbehagen der Menschen mit den pro-europäischen Reformen Peters des Großen bildlich darstellten. Es ist denkbar, dass die warmen Gefühle für das Tier auf Grund der Verwendung von Bärendecken entstanden, die einen willkommenen Schutz gegen den eisigen russischen Winter boten. Bären leben bis heute in den riesigen Wäldern, die einen Großteil Russlands bedecken, und sind weiterhin in der Psyche der Menschen sehr präsent. Das Land wird in der Tat oft als der Russische Bär bezeichnet.

In einer der berühmtesten mittelalterlichen Epen Westeuropas, *Reineke Fuchs*, gehört auch ein Bär zu den Charakteren. Braun der Bär war eines der Tiere – zusammen mit Isegrim (einem Wolf) und Hinze (einem Kater) –, die entschlossen waren, Reineke dazu zu bringen, sich für seine vielen Verbrechen zu verantworten. Es ist wahrscheinlich, dass das Märchen, das in einem von König Nobel, einem Löwen, regierten Land spielt, über Jahrhunderte von Mund zu Mund weitergegeben wurde, bevor es im zwölften Jahrhundert niedergeschrieben wurde. Die frühesten Aufzeichnungen der Geschichte stammen aus Elsass-Lothringen. Man glaubt, dass sie sich von dort nach Deutschland, Frankreich, die Niederlande und England verbreitet hat. Eine der berühmtesten Versionen wurde in Frankreich zwischen der Mitte des zwölften und Ende des dreizehnten Jahrhunderts zusammengestellt. Ungefähr 500 Jahre später gestaltete Johann Wolfgang von Goethe den schönen Stoff als Epos um.

Eines der Märchen, in dem Braun der Bär vorkommt, handelt davon, wie dieser Bär versucht, Reineke zu verhaften und ihn zur Vernehmung vor den König zu bringen. Der Fuchs bringt ihn jedoch in Versuchung, die Mission zu verschieben, indem er ihm einen Baum voll mit Honig verspricht. Begierig folgt Braun der Bär Reineke zu einer riesigen Eiche, in der er jedoch gefangen wird, und nur mit letzter Not entkommt er einer Horde aufgeregter Dorfbewohner, die ihn töten wollen. Diese Episode, in der der verschlagene Reineke den gierigen Braun überlistet, ist ein klassisches Beispiel einer Erzählung, das insgesamt als bittere Satire auf die Rolle der Kirche und des Adels in der mittelalterlichen Gesellschaft betrachtet werden kann.

Weitere Geschichten, in denen Bären (oder auch Meister Petz) vorkommen, wurden erst im 19. Jahrhundert niedergeschrieben. Der britische Dichter und Schriftsteller Robert Southey fügte eine Version von *The Three Bears* seiner Sammlung von Essays und Gedichten bei, die unter dem Titel *The Doctor* in den Jahren zwischen 1834 und 1847 veröffentlicht wurden. Diese beliebte Kindergeschichte handelt davon, wie ein Mädchen namens Goldilocks (»Goldlöckchen«) in das Haus der Bären tritt, während sie nicht zu Hause sind, und ihren Porridge isst, bevor sie einschläft. Die *Unlce-Remus*-Fabeln, die in den Neunzigerjahren des 19. Jahrhunderts von dem US-amerikanischen Autor Joel Chandler Harris niedergeschrieben wurden, haben sehr viel Ähnlichkeit mit dem Epos *Reineke Fuchs*. Beide beschreiben, wie ein kleinerer, aber raffinierterer Charakter triumphiert; im Falle der *Uncle-Remus*-Fabeln überlistet der Held, Bre'r Rabbit, eine Zahl größerer Tiere, darunter Bre'r Bear.

Gegenüber: Albert von Steiff, ca. 1910. Dieser Steiff-Bär mit einer Zentralnaht ist mit seiner ersten Besitzerin auf einem Bild dargestellt, das seine einstige Anziehungskraft wiedergibt.

Die Erfindung der Kindheit

Kinder, wie alle jungen Geschöpfe, sind von Natur aus verspielt, doch die Vorstellung, dass Kinder über das Spiel lernen, ist relativ modern. Vor der Reformation betrachtete die Kirche Kinder als potenziell böse Wesen, die nur über Taufe und Kommunion von ihren Sünden gereinigt werden konnten, und diese Haltung durchzog die Gesellschaft. Spielzeug gab es, meist in Heimarbeit gefertigte Puppen oder Spiele. Fabrikgefertigtes Spielzeug war für gewöhnlich für die Erwachsenen gedacht, und nicht für Kinder. Es handelte sich in der Regel um unterhaltsame Neuheiten für die gehobenen Schichten.

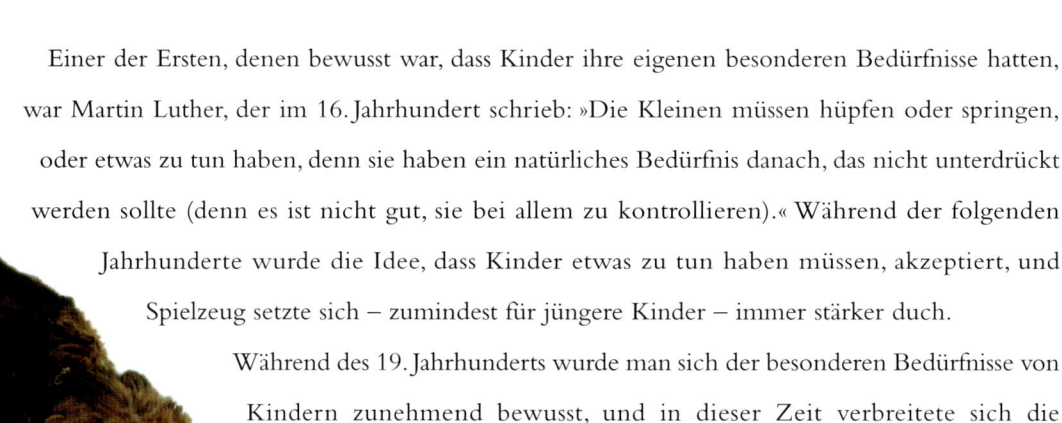

Einer der Ersten, denen bewusst war, dass Kinder ihre eigenen besonderen Bedürfnisse hatten, war Martin Luther, der im 16. Jahrhundert schrieb: »Die Kleinen müssen hüpfen oder springen, oder etwas zu tun haben, denn sie haben ein natürliches Bedürfnis danach, das nicht unterdrückt werden sollte (denn es ist nicht gut, sie bei allem zu kontrollieren).« Während der folgenden Jahrhunderte wurde die Idee, dass Kinder etwas zu tun haben müssen, akzeptiert, und Spielzeug setzte sich – zumindest für jüngere Kinder – immer stärker duch.

Während des 19. Jahrhunderts wurde man sich der besonderen Bedürfnisse von Kindern zunehmend bewusst, und in dieser Zeit verbreitete sich die Herstellung von Spielzeugen, Spielen und Kinderbüchern enorm. Zur selben Zeit führten viele Länder die Schulpflicht für junge Kinder ein (in Großbritannien verlangte der Education Act von 1880, dass alle Kinder zwischen fünf und zehn zur Schule gingen), und auch Gesetze, die Kinderarbeit einschränken und schließlich ganz verbieten sollten. Zusammen halfen diese Maßnahmen sicherzustellen, dass Anfang des 20. Jahrhunderts viele Kinder Spielzeug besaßen und auch die Zeit, um damit zu spielen.

Das historische Zentrum der Spielzeugherstellung

Die religiöse Reformation des 16. Jahrhunderts förderte nicht nur einen Wandel in der Haltung gegenüber Kindern, sondern war auch indirekt dafür verantwortlich, dass Deutschland zur Spielzeugfabrik der Welt wurde. Schnitzerei war eine traditionelle Beschäftigung in den ausgedehnten Wäldern Süddeutschlands, wobei die meisten Handwerker religiöse Motive schnitzten. Nach der Reformation ließ die Nachfrage nach solchen Schnitzereien nach (man hielt sie für Götzenanbetung) und wurde in den nächsten 200 Jahren durch einen Markt für hölzernes Spielzeug ersetzt. Zu Zentren der Spielzeugindustrie wurden fünf Gebiete in Süddeutschland: Sonneberg, Seiffen, Oberammergau, Berchtesgaden und das Grödner Tal (im heutigen Italien). Zu Beginn arbeiteten die Schnitzer zu Hause oder in kleinen Gemeinschafts-Werkstätten und verkauften ihre

Produkte an Großhändler, die sie auf Märkte in Städte wie Nürnberg und Leipzig brachten. Später, als Methoden der Massenherstellung eingeführt wurden und im 19. Jahrhundert die Diversifizierung zu kleinen Spielzeugen aus Zinnblech erfolgte, wurden die Fabriken in der Nähe der Märkte gebaut. Nürnberg war berühmt für seine Autos, Boote und Züge aus Zinn, während Sonneberg für seine hölzernen Spielzeuge und Puppen bekannt war.

Bären zum Spielen wurden im gesamten 19. Jahrhundert hergestellt, wobei ihre Anziehungskraft vielleicht durch die Beliebtheit dressierter Bären verstärkt wurde, die man in Dörfern und Städten in ganz Europa und den USA während dieser Zeit sehen konnte. Diese Bären inspirierten die großen französischen Spielzeughersteller wie Roullet & Decamps und Gustave Vichy dazu, automatisierte Bären herzustellen, die tanzen, eine Trommel schlagen oder brummen konnten. Solche Spielzeuge waren jedoch zu teuer und zu zerbrechlich, als dass man sie Kindern geben konnte. Viel geeigneter waren Stofftiere – auch Bären –, die ein deutsches Unternehmen, gegründet von Margarete Steiff, gegen Ende des Jahrhunderts herzustellen begann. Dies waren die allerersten Stofftiere, die zu der Geburt des Teddys führten.

Gegenüber: Dieser Trommelbär mit Uhrwerk wurde wahrscheinlich von Roullet & Decamps um 1880 entworfen.
Rechts: Steiff-Bär auf Hinterbeinen (1900) und ein Bär zum Hinterherziehen.

Kapitel 1

DIE GEBURTSSTUNDE DES BÄREN

(1902–1904)

Die Antwort auf die Frage, wie der Bär geboren wurde, mutet seltsam an, denn das Spielzeug wurde auf einem Kontinent erfunden, seine Namensgebung und Adoption erfolgten jedoch auf einem anderen. In Deutschland widmete Richard Steiff seine ersten Arbeitsjahre der Erschaffung eines unwiderstehlichen Plüschbären, während in den USA die Verbindung zwischen dem Spielzeug und dem jagdbegeisterten Präsidenten Theodore Roosevelt hergestellt und der Begriff »Teddybär« geprägt wurde.

Unten: Eines der ersten Elefanten-Nadelkissen von Steiff, das Margarete Steiff 1880 für ihre Schwägerin hergestellt hatte.

Diese beiden sorgten für die sichere »Entbindung« des beliebten Bären Ende 1902 und ermöglichten seine Popularität in den ersten Jahren. Die Geschichte des Bären wäre jedoch ganz anders verlaufen, hätte es nicht die Entschlos-senheit eines kleinen Mädchens gegeben, das mehr als 50 Jahre früher geboren worden war. Apollonia Margarete Steiff, die Tante Richard Steiffs, wurde am 24. Juli 1847 als dritte Tochter von Maria und Friedrich Steiff geboren. Ihr Vater war Baumeister in Giengen, einer kleinen Stadt in der Nähe von Ulm. In den ersten 18 Monaten ihres Lebens war Margarete ein gesundes Baby, dann jedoch erkrankte sie an Kinderlähmung. Der Virus, der das Gehirn und das Rückenmark angreift, ließ sie mit einem geschwächten rechten Arm, einem gelähmten linken Fuß und einem teilweise gelähmten rechten Fuß zurück. Diese Behinderungen bedeuteten, dass sie den Rest ihres Lebens in einem Rollstuhl verbringen musste.

Margaretes Tagebuch veranschaulicht, dass sie trotz ihrer schweren körperlichen Behinderungen große Unterstützung in seiner aufopfernden Familie fand. Es wurden sämtliche nur erdenkliche Anstrengungen unternommen, um Heilung für sie zu finden, und viele Jahre hindurch unternahmen die Steiffs endlose Reisen zu Spezialisten und Heilbädern. 1857 jedoch, als sie zehn Jahre alt war, hatte Margarete begonnen, ihre Behinderung zu akzeptieren. In ihrem Tagebuch finden sich ergreifende Sätze: »Wir verbrachten lange Zeit damit, nach Heilung für mich zu suchen. Schließlich sagte ich zu mir selbst, dass, wenn Gott offensichtlich nicht wollte, dass ich laufen solle, ich seinen Willen akzeptieren muss.«

Vielleicht zur Ablenkung begann sie, Zitherspielen zu lernen, und schon bald spielte sie das Instrument gut genug, um Stunden geben zu können. Sie verwendete das verdiente Geld, um sich eine Nähmaschine zu kaufen – wahrscheinlich die erste in Giengen, einer Stadt, in der es von Familien-Schneidereien nur so wimmelt – denn das Nähen per Hand fiel Margarete schwer. Sie wurde eine Meisterin im Schneidern und erhielt bald Aufträge aus der gesamten Nachbarschaft. Ein Einkommen zu haben und allein reisen zu können, steigerte ihr Selbstbewusstsein enorm, und als ein Freund ihr vorschlug, ihre eigene Schneiderei zu eröffnen,

da griff sie mit beiden Händen zu: »1877 begann ich ... Ich eröffnete mein Filzkonfektionsgeschäft.«

Ihr neues Geschäft – die Filz Versandhandel GmbH – war ein augenblicklicher Erfolg, und schon bald war sie in der Lage, einige Leute einzustellen, die ihr bei der Herstellung von Filzunterröcken und Kinderbekleidung halfen. Da das Reisen zu europäischen Modeschauen und Handelsmessen schwierig für sie war, ließ sich Margarete durch Magazine inspirieren, um so auch mit der Entwicklung in der Branche Schritt halten zu können. Ein beliebtes deutsches Magazin, die *Schnittmodenwelt*, veröffentlichte Muster, die sie häufig als Vorlage nahm. Dazu gehörte auch ein kleiner Elefant, den Margarete aus Filz als Nadelkissen für sich selbst herstellte. Mit dem Ergebnis zufrieden, nähte sie weitere zum Verschenken an ihre Freunde und die Familie. Da viele Leute in Giengen Schneider waren, schien ihr die Idee absurd, dass jemand für solchen Schnickschnack bezahlen würde.

Bis dahin waren die meisten Spielzeuge für Kinder aus harten Materialien wie Holz oder Blech hergestellt worden. Puppen waren beliebt, aber ihre Köpfe aus Pappmaché oder Porzellan und ihre mit Pferdehaar ausgestopften Körper waren nicht sonderlich kuschelig. Als die Kinder von Giengen die Elefanten-Nadelkissen ihrer Mütter sahen, beanspruchten sie sie für sich selbst, denn sie liebten ihre Größe und Griffigkeit.

Margarete erhielt eine ständig wachsende Zahl von Anfragen für die kleinen Elefanten aus Filz, so dass sie sich schließlich am 29. Dezember 1880 entschloss, sie zum Verkauf anzubieten. Der erste Stoß wurde schnell angenommen, und schon bald machten Stofftiere – darunter Hunde, Kamele, Löwen, Affen und Esel – den Großteil ihres Umsatzes aus. Im Jahre 1886 verkaufte sie beispielsweise 5 170 Exemplare ihres Filzelefanten.

1889 zog die Firma in größere Räumlichkeiten in der Mühlstraße, und 1892 brachte sie den ersten Katalog heraus, der einen Überblick über das gesamte Angebot gab. In diesem Jahr bewarb sie sich auch um ein Patent für

Oben: Apollonia Margarete Steiff, die den größten Teil ihres Lebens im Rollstuhl verbrachte, nachdem sie Anfang 1849 an Kinderlähmung erkrankt war.

»das Herstellen von Tieren und anderen Figuren, die als Spielzeug dienen«. Imitationen, welche das Patent zu unterlaufen suchten, sollten der Firma in den nächsten Jahren noch oft Schwierigkeiten bereiten. In demselben Jahr wurde der erste Steiff-Bär auf den Markt gebracht, der die Gestalt eines der Tiere hatte, die Teil eines Kegel-Sets waren. Diese kleine Bären-Figur war von Anfang an sehr beliebt und wurde bald zum Hauptkegel des Kegel-Sets. Die Erfolgsgeschichte des Steiff-Teddybären zum beliebtesten Spielzeug der Welt hatte begonnen. Im März 1893, als die Filzspielzeugfabrik, Giengen, in das Handelregister eingetragen wurde, machte die Firma einen Umsatz von 40 000 Mark und beschäftigte

Unten: Steiff-Kegel in Form eines Bären, der für sich allein oder als Teil eines Sets zu haben war, ca. 1892.

vier Leute in Vollzeit und weitere zehn Heimarbeiter. Margaretes Steiffs Bruder Fritz spielte eine wichtige Rolle in der Entwicklung des Unternehmens, und all seine sechs Söhne – Richard, Franz, Paul, Otto, Hugo und Ernst – halfen dabei, es zu einem florierenden Konzern auszubauen. 1897, nur vier Jahre nach ihrer Eintragung ins Handelsregister, wies die Firma einen Umsatz von 90 000 Mark aus, und Margarete entschloss sich, mit einem eigenen Stand auf der Leipziger Spielwarenmesse teilzunehmen. Als Vertreter der Familie auf der Messe wurde ihr Neffe Richard auserkoren, Fritz' zweitältester Sohn, der gerade die Stuttgarter Kunstakademie absolviert hatte. Er sollte, nach seiner Tante, zur einflussreichsten Person in der Geschichte des Stofftiers werden.

Richard Steiffs Hauptaufgabe in der Firma waren Entwurf und Entwicklung neuer Spielzeugserien. Von Anfang an scheint er von der Möglichkeit eines Stoff-Bären fasziniert gewesen zu sein, und er verwendete viele Stunden darauf, einen Bären zu entwerfen, der für Kinder attraktiv sein würde. Zu diesem Zweck fertigte er viele Skizzen von Bären im Stuttgarter Zoo an, wie auch im Zirkus und bei Tierschauen. Seine ersten Modelle waren beinahe zu realistisch und ängstigten eher die jungen Menschen, für die sie bestimmt waren, als sie zu beruhigen.

In den letzten Jahren des 19. Jahrhunderts entwarf Richard Steiff eine Reihe von Bären, die auf allen Vieren auf gusseisernen Radgestellen standen und die zum Reiten oder Ziehen gedacht waren. Er stellte auch Bären her, die aufrecht auf ihren Hinterbeinen standen. Obwohl sie mit Mohairplüsch überzogen waren, waren sie noch nicht sonderlich zum Kuscheln geeignet – in einigen waren Metallrahmen, und andere waren so fest mit Holzwolle ausgestopft, dass sie sich hart anfühlten.

1902 schließlich erfand er eine Reihe von beweglichen Tieren, die durch Schnüre gegliedert waren, darunter auch ein Bär – es war das erste Spielzeug seiner Art in der ganzen Welt. Die ersten Bären-Prototypen wurden von Margarete verhalten aufgenommen. Sie war der Auffassung, dass ihre braunen Plüschpelze, die aus Mohair gewebt waren, damit sie wie echtes Fell aussähen, zu teuer seien. Richard beharrte jedoch darauf. Er war wild entschlossen, ein Muster zu entwickeln, das seine Tante überzeugen würde.

Obgleich nach derzeitigem Kenntnisstand kein Exemplar von Steiffs erstem, für den Handel bestimmten Bären

Gegenüber: Das Haus in Giengen, in dem Margarete Steiff ihre Kindheit verbrachte.

Rechts: Die Neffen Margarete Steiffs (von oben): Ernst, Otto, Hugo, Franz, Richard und Paul. Alle sechs arbeiteten zeitweise für das Familienunternehmen.

Oben: Richard Steiff, der Erfinder des Teddybären, als junger Mann an seinem Schreibtisch.

die sich über die Beine hinaus erstreckten, wenn er saß (die ersten Steiff-Bären waren so konzipiert, dass sie auf allen Vieren stehen konnten). Sein flexibles Gelenksystem machte das Bewegen des Kopfes und der Glieder möglich, seine Nase bestand aus Siegellack und hatte fein gestaltete Nüstern, und seine Augen waren aus schwarzen Stiefelknöpfen. Diese wurden im Allgemeinen dazu verwendet, Stiefel und Schuhe zu schnüren, und waren aus gegossenem Zellstoff gefertigt. Sie wurden mit Metallhaken an Schuhen (oder Bären) befestigt, welche in die flachen Knopfrücken gedrückt wurden bevor sie trockneten.

So hatte Bär 55 PB, der 1902 produzierte, erste bewegliche Bär, seinen ersten öffentlichen Auftritt auf der Leipziger Spielzeugmesse im März 1903. Auch hier wurde er kühl aufgenommen und sogar als »ausgestopfte Missgeburt« bezeichnet. Am Ende der Messe jedoch, als die Brüder Steiff bereits begonnen hatten, die Kisten mit den Mustern wieder zuzunageln, erschien Hermann Berg, Haupteinkäufer der Spielzeugabteilung des New Yorker Großhändlers George Borgfeldt & Co. Er hatte auf der Messe vergeblich nach neuen Ideen Ausschau gehalten, und als sein Blick auf die Spielzeugbären fiel, erkannte er augenblicklich ihr Potenzial und bestellte 3000 Stück.

Paul Steiff, ein weiterer Neffe, ging 1903 nach New York, um genau zu überwachen, welche Muster aus Giengen dort angekommen waren. Er führte ein Tagebuch, aus welchem wir erfahren, dass das Verkaufspersonal Muster des Bären 55 PB schon kurz nach der Leipziger Spielwarenmesse Einzelhändlern in New York vorführte. Unbekannt ist jedoch das Schicksal der Bären, die Hermann Berg bestellt hatte; seltsamerweise verschwanden sämtliche 3000 Bären 55 PB, einschließlich des Prototypen von Richard Steiff, nachdem sie in Deutschland verschifft worden waren. Kein einziges Exemplar wurde seither wieder gefunden, und das liegt zum Teil sicherlich an der Zerbrechlichkeit der Gelenke. Sammler leben jedoch mit der Hoffnung, dass eines Tages ein Bär 55 PB ausgegraben wird.

erhalten ist, vermitteln Herstellungsdetails und Katalogbilder im Steiff-Archiv dennoch wertvolle Informationen darüber, wie er aussah, ebenso wie er bezeichnet wurde. Getreu dem System, das verwendet wurde, um aufeinander folgende Bären zu benennen, war dieser Bär sitzend offensichtlich 55 cm groß, daher die Zahl in seiner Bezeichnung. Die folgenden Buchstaben bedeuten, dass dieser Bär aus Plüsch (P) hergestellt und beweglich (B) war. Er hatte eine lange, spitze Schnauze, einen Buckel am oberen Rücken, einen kurzen, plumpen Rumpf, große Füße und lange, gebogene Arme,

Bär 55 PB war geboren, jedoch musste er noch den Namen erhalten, unter dem er heute in der Welt bekannt ist. Von Geburt an Deutscher, wurde er zunächst Petsy genannt (nach *Meister Petz,* einem altertümlichen Namen für einen Bären in Märchen). Um zu einem festen Begriff zu werden, bedurfte es der Dienste des 26. Präsidenten der USA. Theodore Roosevelt (1858–1919), von seinen Freunden Teddy genannt, wurde in New York geboren und war holländischer und deutscher Abstammung. Ebenso wie Margarete Steiff war er als Kind krank – er litt an Asthma. Als junger Mann wurde er zum Fitness-Fanatiker, und als Teil des Macho-Images, das er pflegte, verschrieb er sich der Großwildjagd.

Als er Präsident wurde, hatte er bereits mehrere Bücher zu dem Thema veröffentlicht. Als er sich im Jahre 1902 im amerikanischen Süden aufhielt, um in einem Grenzstreit zwischen den Staaten Louisiana und Mississippi zu vermitteln, war es für ihn nur natürlich, sich etwas Zeit zu nehmen, um in Smedes am Mississippi-Delta auf Bärenjagd zu gehen.

Am Nachmittag des 14. November 1902 waren die Grizzlybären jedoch unkooperativ, und nach vier Tagen Jagd hatte Roosevelt noch keinen erlegt. Seinen Gastgebern war dies sehr unangenehm, so dass sie die Wälder nach einem Bären absuchten, den der Präsident erschießen könne. Schließlich scheuchten sie einen jungen Bären auf, den sie auf das Camp zutrieben und dort festbanden. Roosevelt verachtete das: Er weigerte sich, auf solch ein Mitleid erregendes, wehrloses Ziel zu schießen. Doch umsonst – der Bär wurde mit einem Jagdmesser ins Jenseits befördert.

Die Presse war zugegen und berichtete über den Vorfall. Clifford K. Berryman, der der *Washington Post,* ging einen Schritt weiter und verband den Vorfall ausdrücklich mit der eigentlichen Absicht, die hinter dem Besuch des Präsidenten stand: Er zeichnete eine Karikatur, die mit der Bildunterschrift versehen war ›Grenzziehung in Mississippi‹ und welche den Präsidenten mit erhobener Hand darstellt,

Oben: Richard Steiffs Skizzenbuch mit den Zeichnungen lebender Bären.

Rechts: Theodore Roosevelt mit seinem Sohn Theodore.

Figuren in der frühen Geschichte des Teddybären: Morris Michtom, einem russischen Emigranten, und seine Frau Rose. Dieses Paar, das einen Papierwaren- und Krimskramsladen in der Thompson Avenue in Brooklyn, New York, führte, sah ebenfalls die Karikatur. Angeblich beschlossen sie, das durch diese Karikatur erregte Aufsehen zu nutzen, indem sie einen ausgestopften Spielzeugbären herstellten und ihn in ihrem Fenster neben einem Schild mit der Beschriftung ›Teddy's Bear‹ platzierten. Er verkaufte sich fast augenblicklich, ebenso wie die anderen, die Rose herstellte, um ihn zu ersetzen.

Anders als der Steiff 55 PB, der den Höhepunkt jahrelanger Forschung und Entwicklung durch den weltführenden Stofftierhersteller bildete, scheint der erste Michtom-Bär das Ergebnis eines Geniestreichs gewesen zu sein. Es ist daher sehr unwahrscheinlich, dass er wie sein deutsches Gegenstück ausgesehen hat (der Original-Michtom-Bär ist ebenfalls verloren gegangen). In der Gestaltung soll dieser Bär einer Stoffpuppe geähnelt haben: Man kann also davon ausgehen, dass die Michtoms auf keinen Fall unabhängig von Steiff die gleichen Materialien, das gleiche Design und das gleiche Gelenksystem wie Richard Steiff wählten. Es wurde nie bewiesen, dass Michtom als erster das Spielzeug ›Teddy's Bear‹ nannte. Nichtsdestotrotz steht außer Debatte, dass die Nachfrage nach den Bären bald so groß wurde, dass die Michtoms sie nicht mehr allein bewältigen konnten. Butler Brothers, ein Großhändler mit Hauptsitz in Brooklyn, der sich für die Plüsch-Produktion interessierte, kaufte den Michtoms ihren gesamten Bestand ab. So entstand Ideal Novelty & Toy Co. – der ersten US-amerikanische Hersteller von Teddybären.

Die Auswirkung von Berrymans Karikatur von Roosevelt war so groß, dass die Verkaufszahlen von Teddybären in den USA ständig zunahmen. Aber nur wenige hätten die bevorstehende Manie vorhersagen können, die im Begriff war, das Land entflammen, sich über die gesamte Welt ausbreiten und die Kapazitäten sämtlicher Spielwarenhersteller an ihre Grenzen bringen sollte.

wie er sich wehrt, einen kleinen, entkräfteten und verängstigten Bären zu erschießen.

Als die Karikatur zwei Tage später in der *Washington Post* veröffentlicht wurde, zog sie in Washington und New York allgemeine Aufmerksamkeit auf sich. Ende des Monats soll bereits der Name ›Teddybär‹ existiert haben. Berryman zeichnete ein Porträt von Theodore Roosevelt und einem kleinen Bären mit der Anmerkung ›Teddy Bear Nov. 1902‹. Er zeichnete weitere Versionen des Originals und verwendete den Bären später als Motiv für diverse politische Karikaturen, mit denen er die restliche Zeit der Präsidentschaft Roosevelts skizzierte.

Gegenüber: Clifford K. Berryman, ›Grenzziehung in Mississippi‹, 1902, Washington Post.

Es ist jedoch nicht bekannt, wer zuerst den Name für das Plüschtier verwendete. Das führt uns zu den letzten

DRAWING
THE LINE
IN MISSISSIPPI

Kapitel 2

DER BÄR WIRD ERWACHSEN

(1905–1919)

Präsident Roosevelt erkannte früh, welche Anziehungskraft von dem Bären ausging, und setzte ihn für den Rest seines politischen Lebens als Maskottchen ein. Während der Präsidentschaftswahlen des Jahres 1904 wurden sogar von der kurz zuvor gegründete Ideal Novelty and Toy Co. hergestellte Bären an die potenziellen Wähler verteilt. Die Bären waren nur 15 cm groß und hatten große, runde, staunende Augen, so genannte Kulleraugen. Diese Art von Augen war bei den Puppen dieser Zeit sehr beliebt und wahrscheinlich aus Comics übernommen worden. Eine Fülle weiterer Memorabilia – von Abzeichen und Anstecknadeln bis hin zu Porzellan und Glastellern –, die den Präsidenten und seinen pelzigen Begleiter darstellen, folgte. Während Roosevelts zweiter Amtszeit (1905–09) herrschte in den USA eine phänomenale Nachfrage nach Teddybären, wenngleich dies wohl eher ein Zeichen für die Zufrie-

Unten: Bären waren während der »Teddymanie« ein gern verwendetes Motiv, das Gegenstände vom Teeservice bis zum Schmuckkasten zierte.

denheit der Öffentlichkeit mit dem Bären als mit dem Präsidenten war.

Als Reaktion darauf schossen neue Herstellerfirmen wie Pilze aus dem Boden, die nicht nur die Bären selbst, sondern auch Spiele, Karten, Süßigkeiten, Geldbörsen und Kleidung rund um den Teddy produzierten – die Liste war schier endlos. Interessanterweise scheiterten die Anhänger von Roosevelts Nachfolger, William Taft, als sie versuchten, das Phänomen während der Präsidentschaftswahlen des Jahres 1909 für sich selbst zu nutzen. Der Teddybär hatte das Herz der Öffentlichkeit erobert und ließ sich nicht durch einen Emporkömmling, ein Beuteltier namens Billy Possum, verdrängen.

Kurz darauf erschienen Bären in Büchern und Comics, darunter Teddy-B und Teddy-G, zwei menschengroße Bären in tadelloser Kleidung. Dieses Paar, auch bekannt als die »Roosevelt Bears«, waren der Fantasie des Lehrers und Journalisten Seymour Eaton entsprungen. Ihre Abenteuer,

die in Bildern und Versen erzählt wurden, tauchten 1905 in US-amerikanischen Zeitschriften auf, schnell gefolgt von vier unglaublich erfolgreichen Büchern, die zahlreiche Nachahmer inspirierten. So wurden in Deutschland und den USA nun bekleidete Teddybären hergestellt.

1906 befreite sich der Plüschbär von der Person des Präsidenten und tauchte in dem amerikanischen Spielzeughandelsjournal *Playthings* erstmals unter der Gattungsbezeichnung »Teddybär« auf, um noch im selben Jahr eine regelrechte Teddy-Manie auszulösen. Hunderte von Liedern wurden über die kleinen Bären komponiert, darunter auch *The Teddy Bears »Picnic«* von John W. Braton aus dem Jahr 1907 (dessen Text jedoch erst 1930 hinzugefügt wurde). Im gesamten Land mehrten sich Berichte, wonach die Geschäfte der gewaltigen Nachfrage nach dem knuddeligen Spielzeug nicht mehr Herr werden konnten.

Die Ideal Novelty and Toy Co. war genau richtig positioniert, um diese Nachfrage zu befriedigen. Im Jahre 1907 benötigte das Unternehmen größere Räumlichkeiten und zog innerhalb Brooklyns in die Christopher Avenue 311–17. Kurz darauf annoncierte es in der Zeitschrift *Playthings* und bezeichnete sich selbst als den »größten Hersteller von Bären im Land«. Unter der Überschrift »Warum sollten Sie ihre Gliedertiere in Europa bestellen, wenn Sie sie gleich hier zum halben Preis kaufen können?« behauptete das Unternehmen, »eine genaue Reproduktion des ausländischen Modells« herzustellen. Ein solch offenes Eingeständnis des Vergehens an Steiff sollte sich nicht wiederholen, sobald das deutsche Unternehmen begann, seine Entwürfe gerichtlich schützen zu lassen.

Die ersten Ideal-Teddybären wurden nicht mit einem Markenzeichen versehen, so dass sie heute schwer zu identifizieren sind. Glücklicherweise wurden die Bären in den zeitgenössischen *Playthings*-Katalogen abgebildet, so dass ihr Aussehen heute bekannt ist. Weitere Details zu Design und Herstellung wurden durch die Untersuchung eines der ersten Bären in Erfahrung gebracht, der der Smithsonian Institution in Washington zum Geschenk

gemacht worden war. Die Bären hatten üblicherweise eine breite Stirn, große, weit auseinander stehende Ohren und keilförmige Schnauzen, die den Kopf dreieckig erscheinen ließen. Ihre Nasen wurden manchmal aus einem feinen, eng gewebten Stoff hergestellt, für gewöhnlich waren sie jedoch gestickt. Das Fell war normalerweise aus kurzem, goldenen Mohairplüsch gefertigt, und

Oben: Milchkrug aus Keramik von Buffalo Pottery, dekoriert mit Szenen aus den »Roosevelt Bears«-Büchern.

Rechts: Ideal Novelty and Toy Co., ca. 1910. Obwohl der Bär kein Etikett trägt, ist er an dem typischen dreieckig geformten Kopf und den leicht spitz zulaufenden Ballen leicht zu erkennen.

das Füllmaterial bestand aus Zellstoffwatte (lange Fasern aus einem Weichholz, wie zum Beispiel Birke). Wie die ersten Steiff-Bären, hatten frühe Ideal-Teddys für gewöhnlich plumpe Körper mit einem realistischen Buckel oben am Rücken und lange, gebogene Arme. Einmalig waren bei der US-Firma jedoch die ovalen, spitz zulaufenden Fußballen des Bären. Die meisten Bären hatten schwarze Knopfaugen, obgleich die Firma mit Glasaugen experimentierte, möglicherweise unter der Führung von Abraham Katz, einem Freund der Michtoms. Er kam 1912 in den Vorstand des Unternehmens und nahm großen Einfluss auf Produktion und Design.

Um die steigende Nachfrage nach Teddybären zu stillen, wurden überall im Land Firmen gegründet. Eine zweite Firma aus dieser Periode, die den Anforderungen der Zeit standhalten konnte, war Bruin Manufacturing Co. Obwohl ein genaues Datum für die Gründung der Firma noch festgestellt werden muss, erschienen ihre Teddys bereits 1907 in *Playthings*. BMC hatte seinen Sitz in 497 Broome Street, New York City. Die Gesichter seiner hochwertigen Bären besaßen eine ähnliche Form wie die von Ideal – mit einer breiten Stirn und einer spitzen Schnauze –, die Ohren der BMC-Bären, obgleich weit auseinander stehend, waren jedoch eher klein und ihre goldenen Mohairplüsch-Pelze oft länger als die ihrer Konkurrenten von Ideal. Viel wichtiger in Bezug auf die Identifizierung ist jedoch, dass Bruin Manufacturing Co. jeden seiner Bären deutlich mit einem blau-rot gewobenen Etikett versah, auf das in Gold die Buchstaben »B.M.C.« gestickt waren. Das Unternehmen gab 1908 das Geschäft auf. Weil es nur für eine so kurze Zeit Teddys produzierte, sind seine Bären auf dem heutigen Markt sehr gefragt.

Viele der Unternehmen, die während dieser ersten Jahre in Erscheinung traten, waren kurzlebig. Einige scheiterten, weil der Wettbewerb zu hart wurde, andere hatten vielleicht Schwierigkeiten, Bezugsquellen für die Materialien aufzutun. Wie BMC stellte auch die Aetna Toy Animal Co. (ehemals

bekannt als Keystone Bears) für kurze Zeit hochwertige Teddybären her, für die sie die besten verfügbaren Materialien verwendete.

Es ist wenig über das Unternehmen bekannt, das nur zwischen 1906 und 1908 in *Playthings* inserierte. Seine traditionellen Mohairteddys hatten dreieckige Gesichter mit großen, flachen Ohren und Glas- oder Knopfaugen. Der Name Aetna, oval umrahmt, wurde mit blauer Farbe auf die Fußballen der Bären gestempelt. Aetna ist auch für seinen zweifarbigen Bären bekannt, der einen breiten Kragen und einen spitzen Hut trägt.

Links: Bruin Manufacturing Co., 1907–08. Bären, die von dieser kurzlebigen Firma produziert wurden, waren alle mit bestickten Etiketten gekennzeichnet.

Ein weiterer kurzlebiger Hersteller des beginnenden 20. Jahrhunderts war Hecla. Auch er segelte wie die meisten Teddyproduzenten dieser Zeit im Kielwasser von Steiff, das mit seinen innovativen Designs das Feld sowohl in Europa als auch in den USA anführte. Heclas Teddybären wiesen jedoch eine besonders bemerkenswerte Ähnlichkeit mit denen des deutschen Unternehmens auf. Die Bären waren aus importiertem deutschen Mohair gefertigt und oftmals von erfahrenen

Unten: Der Konkurrenzkampf amerikanischer und deutscher Hersteller wird an dieser Anzeige aus »Playthings« deutlich.

deutschen Facharbeiten aus der Spielzeugindustrie zusammengesetzt, es fehlte ihnen jedoch irgendwie die besondere Magie der Steiff-Bären. Die Öffentlichkeit war nicht überzeugt, und die Produktion wurde nach nur wenigen Jahren eingestellt.

Columbia Teddy Bear Manufacturers, eine 1910 gegründete Firma, knüpfte an Christoph Kolumbus an, um ihre amerikanische Herkunft zu betonen. Vielleicht war es ein Versuch, die Kunden von dem »ausländischen Modell« wegzulocken. Wie bei so vielen Firmen dieser Zeit sind Informationen über Entwürfe und Herstellungsverfahren rar. Bekannt ist lediglich, dass die Columbia ihren Sitz in der Center Street 145–149 in New York hatte und für die Herstellung ihrer Bären importierte Materialien einschließlich Mohair (hauptsächlich aus Deutschland) verwendete. Der einzige Bär, der Columbia mit Sicherheit zugeschrieben werden kann, ist der Laughing Roosevelt Bear, der in einer Ausgabe von *Playthings* aus dem Jahre 1907 beworben wird. Wenn man auf den Bauch dieses neuartigen Spielzeugs drückte, öffnete sich das Maul des Bären und enthüllte zwei weiße Glasfänge, die vorne in den Unterkiefer gesetzt waren. Ließ man ihn wieder los, so schloss sich das Maul des Bären, und die Zähne verschwanden in Löchern des hölzernen Oberkiefers. Obwohl er lachen sollte, hatte der Bär einen eher grimmigen Gesichtsausdruck, was für ein Stofftier kaum geeignet war. Die Fänge waren ebenfalls potenziell gefährlich und hätten den Eltern sicherlich einige Sorgen bereitet. Aus welchem Grund auch immer, es haben nur wenige Bären überlebt, und sie sind heute bei Sammlern sehr gefragt.

Ebenfalls in New York – Broadway, Department 1 – war der Standort von Strauss Manufacturing Co. Inc., die damit warb, der »Spielzeugkönig von New York« zu sein. Durch die Bärenmanie des frühen 20. Jahrhunderts in Versuchung gebracht, nahm das Unternehmen auch Teddys in sein Sortiment auf, wobei es seine Erfahrung auf dem Gebiet der Spielzeugneuheiten für die Herstellung seiner Bären einsetzte. Zu den Modellen, die aus dieser Kombination entstanden sind, gehört der höchst ungewöhnliche Self-Whistling Bear (1907), ein pfeifender Bär, dessen Mechanismus ausgelöst wurde, wenn man ihn kopfüber hielt. Musikbären gehörten ebenfalls zu der Produktreihe, bei denen einfallsreiche Bewegungsmechanismen in den Rücken eingebaut wurden, die sich über Griffe aus Porzellan in Gang setzen ließen.

Die Strauss-Teddybären waren den zu dieser Zeit den Steiff-Bären bemerkenswert ähnlich, jedoch mit einem bedeutenden Unterschied: Strauss-Bären hatten oft rote gestickte Nasen, Mäuler und Krallen. Obgleich die Bären qualitativ gut waren, gelang es Strauss nicht, auf lange Sicht aus der Beliebtheit dieses Spielzeugs Kapital zu schlagen. Heute sind Strauss-Teddys auf Grund ihres Alters und der kurzen Lebensdauer des Unternehmens extrem selten.

Die Fast Black Skirt Co. mit Sitz in 109 East 124th Street, New York City, war ebenfalls bekannt für ihre Bären-Neuheiten. Das vielleicht berühmteste Produkt war der Electric Bright Eye Teddy Bear, ein Bär mit elektrisch leuchtenden Augen, dessen Mechanismus in *Playthings* folgender maßen erklärt wurde: »Schütteln Sie die rechte Pfote, und die Augen leuchten elektrisch in rot oder weiß auf.« Der Bär war in verschiedenen Größen zu haben, von 38 cm bis 91 cm, je nachdem, ob die Käufer ihren neuen Freund in ihrem Salon oder in ihrem Auto aufstellen wollten. Solcherlei Überlegungen lassen den Schluss zu, dass die Zielgruppe für Electric Bright Eye eher Erwachsene als Kinder waren. Es trifft sicherlich zu, dass das Spielzeug auf dem Höhepunkt der Manie vielfach auf Gegenständen für Erwachsene abgebildet war, einschließlich Porzellan und Silber, Keks- und Süßigkeitsdosen, Papierwaren und Briefbeschwerer – praktisch alles, was sich dekorieren ließ, wurde mit Bären verziert.

Nachdem einem exklusiven Kreis von US-Produzenten, die bemüht waren, dem von Steiff gesetzten Qualitäts-standard nachzueifern, gab es ein Vielzahl kleinerer Firmen, die billige und fröhliche Bären als Massenware herstellten, deren Namen jedoch mittlerweile in Vergessenheit geraten sind. Sie werden heute als »stick bears« bezeichnet, auf Grund ihrer dünnen Körper und der grob verbundenen, unbiegsamen Glieder. Da sie in sehr großer Zahl produziert wurden, erscheinen sie dieser Tage häufig in Auktionssälen. Und die Tatsache, dass sie bei ihrem Erstverkauf sehr preis-wert waren, spiegelt sich in den niedrigen Summen, die für sie heute gezahlt werden.

Links: American Made von der Stuffed Toy Co., ca. 1917. Wenn man ihn anschaltet, leuchten die Augen dieses mit Batterien betriebenen Bären auf.

Rechts: Amerikanischer »stick bear«, um 1910.
Der Hersteller dieses patriotischen rot-weiß-blauen
Teddys ist unbekannt.

Unten: Lachender Roosevelt Bear von
Columbia Teddy Bear Manufacturers,
ca. 1907, mit offenem Mund.

The B. M. C. Zoo

Offers the Most Perfect Menagerie of Stuffed Animals ever shown in Toyland

A full line of Bears, Rabbits, Cats, Dachsunds, Elephants, etc. Best plush--superb workmanship and finish.

With Imported Voices

Our Bears Excel the Imported

We have in preparation a line of Bear Outfits and Accessories that will create a sensation

A Group of B. M. C. Playmates

BRUIN MFG. CO.,
497 Broome Street,
Phone 6902 Spring, New York City

Selling Agents:
The Strobel & Wilken Co.,
591 Broadway, N. Y.

Links: Diese Anzeige für BMC beweist, dass das Unternehmen an einer Kollektion bekleideter Bären arbeitete.

Steiffs Bärenjahre und was danach kam

Der größte Markt für Teddybären mögen die USA gewesen sein, es war jedoch Richard Steiff in Deutschland, der das Design perfektionierte und dessen Arbeiten von anderen Herstellern in der ganzen Welt nachgeahmt wurden. Am 13. Juli 1903 ließ sich die Filzspielzeug-Fabrik das Muster für den Bären 55 PB, den ersten gegliederten Bären, am Gericht von Heidenheim registrieren. Dies bedeutete jedoch nicht, dass Richard es unterließ, weiterhin das Design zu verbessern. Im Gegenteil: Er unterzog sämtliche Elemente des Bären einer neuen Beurteilung: Größe, Form, Gliedmaßen und Material. Und am 5. März 1904 wurde ein verbessertes, mit Zwirn verbundenes Modell als Bär 35 PB registriert. Margarete Steiff war noch immer besorgt, dass der Bär kein Erfolg sein könnte. Ihre Ängste erwiesen sich jedoch als unbegründet. Die Auftragsbücher füllten sich schnell, und Ende 1904 hatte Steiff 12 000 Bären verkauft. In jenem Jahr wurden Paul und Richard Steiff aufgefordert, den Eingang zur Spielzeughalle auf der Weltausstellung in St. Louis zu gestalten. Sowohl die Ausstellung als auch die Firma selbst waren ein riesiger Erfolg: Margarete und Richard wurden Goldmedaillen ihrer Branche verliehen, und in der Folgezeit wurden dekorative Bärengruppen an große Kaufhäuser in der ganzen Welt vergeben, um für die Produkte zu werben.

Zu diesem Zeitpunkt, als der Erfolg des Bären in seinem Ausmaß langsam absehbar wurde, hatte die Familie Steiff die Weitsicht, ein Warenzeichen für ihre Produkte zu entwerfen und zu verwenden. Sie begann, die Bären mit Etiketten aus Pappe zu versehen. Diese erwiesen sich jedoch als nicht robust genug, um der rauen Behandlung standhalten zu können,

Links: Bär 28 PB von Steiff, ca. 1904. Obwohl dieser Bär mit Stangengelenk offensichtlich sehr geliebt wurde, ist seine Nase aus dem original Siegellack noch intakt.

die ihnen seitens einiger ihrer jungen Kunden zuteil wurde. Dann kam Franz Steiff die brillant einfache Idee, am linken Ohr eines jeden Bären einen kleinen, mit Nickel überzogenen Knopf anzubringen. Auf die ersten Knöpfe, die am 1. November 1904 eingeführt wurden, waren ein Elefant und ein s-förmiger Baumstamm geprägt, und am 20. Dezember 1904 wurde das Markenzeichen Knopf-im-Ohr registriert. Es folgte eine kurze Periode, in der nicht bedruckte Knöpfe verwendet wurden, bis am 13. Mai 1905 schließlich diejenigen mit der »STEIFF«-Prägung eingeführt wurden. Der Steiffsche Knopf-im-Ohr war ein echtes Qualitätszeichen, und als solches wurde es, ebenso wie die Bären, die es schmückte, bald von europäischen und US amerikanischen Herstellern imitiert, was eine ganze Reihe von kostspieligen und Zeit raubenden Gerichtsverfahren nach sich zog.

Steiff stellte den Bären 55 PB noch bis zum 1. Februar 1904 her. Er wurde gegen Ende des Jahres 1904 durch den gegliederten Bären 28 PB ersetzt, der über ein System von Metallstäben, die sich durch seinen Körper zogen, bewegt werden konnte. Bär 28 PB besaß eine horizontale Naht auf seinem Kopf, kleine, runde Ohren, eine lange, rasierte Schnauze, die in einer Nase aus Siegellack endete (mit eingearbeiteten feinen Nüstern), und große, schmale Füße.

Bär 28 PB wurde gut angenommen, aber Richard Steiff war noch immer nicht zufrieden mit dem Aussehen des Bären – und auch seine Tante war es nicht. Er fuhr fort, das Design weiter zu verbessern, bis er Margarete schließlich Ende 1905 den Bären 35 PAB präsentieren konnte. Sie war begeistert und nannte das neue Modell Bärle.

Bärle war alles, wovon Richard geträumt und was Margarete sich gewünscht hatte. Es gab ihn in weißem, braunem oder dunkelbraunem Plüsch. Gefüllt war er mit einer weichen Masse aus Excelsior (einem US-Markenzeichen für Holzwolle) und Kapok, und die Gelenke wurden über Pappscheiben zusammengehalten. Diese Art die Gelenke zu verbinden, bei der die glatten Oberflächen

zweier Kreise aus Pappe durch einen Vorsteckstift gehalten werden, um so eine gleichmäßige Drehbewegung in einer Ebene zu ermöglichen, wird heute noch immer angewandt. 1905 konnten die Kunden zwischen sieben verschiedenen Größen wählen, 1910 erhöhte sich die Zahl auf 14. Mit seinen kleinen, runden Ohren, schwarzen Knopfaugen (schwarze Glasaugen wurden um 1908 als Sonderanfertigung eingeführt), seiner rasierten Schnauze und der gestickten Nase, seinem plumpen Körper und den großen Füßen besaß er die Art von Charme, dem wenige Kinder – oder Erwachsene – widerstehen konnten.

Einige der Bären machten ein Geräusch, wenn sie gedrückt wurden. In ihrem Inneren befand sich eine Stimmbox, die aus einer aufgerollten Feder gefertigt wurde, die zwischen zwei runden Stücken aus Pappe oder Holz

Unten: Richard Steiff mit dem Prototypen zu »Bärle« (offiziell: Modell 35 PAB) aus grauem Mohair, den er 1905 entwarf.

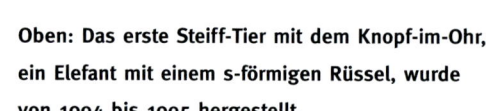

Oben: Das erste Steiff-Tier mit dem Knopf-im-Ohr, ein Elefant mit einem s-förmigen Rüssel, wurde von 1904 bis 1905 hergestellt.

Links: Steiff, ca. 1906. Dieser frühe hellbraune Bärle hat schwarze Knopfaugen.

eingeklemmt war, das von einem Streifen Wachstuch zusammengehalten wurde. Wenn der Bär an der richtigen Stelle gedrückt wurde, schob sich die Feder zusammen und presste Luft durch ein Rohr, was das Grunzen hervorrief.

Der perfektionierte Bär des Jahres 1905 war sofort ein Erfolg. In dem Jahr nach seiner Markteinführung wurden etwa 400 000 Teddys verkauft. Die Nachfrage war so groß, dass Steiff gezwungen war, besondere Maßnahmen zu ergreifen, um jegliche Form der Verschwendung von Mohairplüsch zu vermeiden. Sechs ganze Köpfe wurden aus jeder Stoffbahn geschnitten, ein siebter Kopf wurde aus zwei Hälften gefertigt. Das bedeutete, dass bei jedem siebten Bären eine Naht mitten durch das Gesicht verlief. Der Teddy mit der Zentralnaht ist heute auf Grund seines zusätzlichen Seltenheitswerts bei Sammlern besonders gefragt.

Eine neue Geschäftsstruktur musste her, die der schnellen Expansion Rechnung trug. Am 30. Mai 1906 wurde die Filzspielzeug Fabrik als Margarete Steiff GmbH registriert, in der vier von Margaretes Neffen Hauptgeschäftsführer waren. 1907 wurden rund 975 000 Bären gefertigt, eine Zahl, die es immer noch zu übertreffen gilt. Die Jahre 1903 bis 1908 sind auch als Bärenjahre in der Firma Steiff bekannt. 1902 war mit dem Bau einer neuen Fabrik in Giengen begonnen worden, jetzt wurde sie noch erweitert, um 400 Angestellten Platz zu bieten.

Bereits zu Beginn war Steiff besonders gut darin, ausländische Märkte zu erschließen. Während seines Jahres in New York (1902–1903) hatte Paul Steiff einen Vorführraum unterhalten, in dem er die Produkte der Firma vorstellte. 1900 übernahm sein Bruder Otto die Funktion des Vertriebschefs. Unter Ottos Führung wurde ein flächendeckendes Netzwerk von Lagerhäusern in der ganzen Welt etabliert. Er verbrachte auch Zeit im Ausland, wo er die ständig steigende Zahl der überseeischen Angestellten der Firma schulte. 1907 arbeiteten 1 800 Menschen weltweit für das Unternehmen. Otto betreute die Märkte in Eng-

land, Frankreich und besonders den USA, von denen die meisten Aufträge stammten. Später überwachte er die Eröffnung von Filialen in New York und Paris.

Während dieser Jahre des Booms, als die Konkurrenz hart war, schuf Steiff einige seiner denkwürdigsten Teddybären. 1907 hatte das Unternehmen eine Wärmflasche in Form eines Teddybären hergestellt, die wahrscheinlich vom besonders harten Winter des vorangegangenen Jahres inspiriert worden war. Der 25 cm große Bär hatte eine Öffnung in seinem Mohairplüsch-Körper, in die ein fest geschlossener Kanister mit heißem Wasser eingeführt werden konnte und so die wattiert war, dass sie ihren Besitzer nicht verbrühen

Oben: Will von Steiff, ca. 1906. Wie auch Teddy Girl ist Will ein hervorragendes Beispiel für einen der ersten zimtfarbenen Bären der Firma.

Oben: Die innovativen Gebäude aus Glas und Stahl der Steiff-Fabrik in Giengen im Jahre 1908 – dem Jahr, in dem sie fertig gestellt wurden.

Bären ein, der ein Ledergeschirr trug, vergleichbar dem, das zum Bändigen tanzender Bären in Europa und den USA während des 19. Jahrhunderts verwendet wurde. Dieser aufgrund seiner typischen Laute Brummbär genannte Teddy besaß eine innere Stimmbox. Wenn man den Bären kippte, wurde ein beschwerter Blasebalg zusammengedrückt, der Luft durch ein Rohr presste und das Brummen erzeugte.

Ein weiteres innovatives Design war der Snap-a-Part – ein Bär, den man auseinander nehmen und dann leicht wieder zusammensetzen konnte (etwas, das alle Eltern eines zerstörungswütigen Kleinkindes schnell als das große Los erkennen werden). Wie jeden neuen Entwurf schickte Steiff den Snap-a-Part in das Patentbüro. Doch da Karl Pfenning bereits 1895 den Druckknopf erfunden hatte – eher für Herrenhosen als für Spielzeug gedacht –, wurde der Patentantrag nicht angenommen. Das herrliche Stehaufmännchen gehörte ebenfalls zu der Snap-a-Part Serie. Mit seinem kugelförmigen Körper, der von einer Seite auf die andere wackelte, wenn man ihn berührte, bot auch er Langlebigkeit und endlosen Spaß für kleine Kinder.

Während dieser begeisternden Zeit, in der endlos Neuerscheinungen auf den Markt kamen, wurden auch grelle Farben eingeführt, die eine neue Dimension in die Steiff-Kollektion brachten. Heute zählen diese bezaubernden Bären zu den besten Stücken einer jeden Sammlung. Damals trafen sie jedoch auf nur mäßiges Interesse. Die meisten Kinder wollten vielleicht gewöhnliche Teddybären und schreckten vor exotisch aussehenden zurück.

Dieses Verhalten wird besonders in der Geschichte von Elliot deutlich, von dem man annimmt, dass er der einzige blaue Mohair-Teddy ist, den Steiff jemals herstellte. Als Steiff 1908 seine Bären in grellen Farben einführte, bot das Unternehmen sie als Muster all seinen langjährigen Kunden an – auch das Kaufhaus Harrod's in London. Dessen Einkaufschef war die einzige Person, der ein blauer Bär angeboten wurde. Er warf einen Blick auf ihn und lehnte ihn augenblicklich ab. Er war der Auffassung, Blau sei keine Farbe für einen Bären, und dass er sich deshalb nicht

konnte. Woran sonst würde ein kleines Kind sich in einer kalten Nacht gerne kuscheln mögen? Heutzutage sind kindgemäße Wärmflaschen in den Wintermonaten in den Apotheken zu finden, doch es scheint, als sei der Steiff-Bär seiner Zeit voraus gewesen – zwischen 1907 und 1914 entstanden davon nur 90. Das Modell wurde vom Markt genommen. Diese Bären sind folglich von Sammlern rund um den Globus sehr gesucht, und wenn sie zusammen mit der Wärmflasche angeboten werden, können sie beeindruckende Preise auf Auktionen erzielen.

1908 hatte Steiff den US-amerikanischen Namen für sein Plüschtier übernommen, und alle Bärles wurden von diesem Zeitpunkt an in den Katalogen als Teddybären angeboten. In demselben Jahr führte Steiff den Maulkorb-

verkaufen ließe. Der völlig unbeschriebene Auftragszettel macht deutlich, dass Elliot eine echte Eintagsfliege war, ein Muster für eine Serie, die nie kommerziell hergestellt wurde.

Einer der berühmtesten farbigen Bären war Alfonzo, ein roter 33 cm Bär, der Prinzessin Xenia von Russland 1908 von ihrem Vater, dem Großherzog Gregor Michailowitsch, geschenkt wurde. Die Prinzessin nannte den Bären Alfonzo, und ihre Kinderfrau, Fräulein Ball (liebevoll von der Familie »Nanabell« genannt), machte für ihn einen Kosakenkittel und Hosen aus Baumwolle. Ihre Jugend verbrachten sie gemeinsam im Horax-Haus, einem Palast in der Nähe der Villa des Zaren, ihres Cousins, auf der Krim. Bald schon wurden sie unzertrennlich, und als die zehnjährige Prinzessin im Juli 1914 nach London ging, um ihre Sommerferien im Buckingham Palace zu verbringen, nahm sie Alfonzo selbstverständlich mit. Der Ausbruch des Ersten Weltkrieges im August 1914 verhinderte ihre Rückkehr, so dass sie Gäste von Königin Alexandra im Malborough House wurden. Als die Revolution zu Hause ausbrach, zogen sie in ihr eigenes Londoner Haus am Chester Square.

Prinzessin Xenia muss untröstlich gewesen sein, als sie die Nachricht erhielt, Zar Nikolas II. habe am 17. März 1917 abdanken müssen, und mehr noch, als sie hörte, dass er und seine gesamte Familie im Juli 1918 in Jekaterinenburg von der Roten Garde erschossen worden waren. Ihr Vater, der in Russland geblieben war, überlebte das erste Blutbad, wurde jedoch 1919 in St. Petersburg ebenfalls ermordet. Alfonzo war somit das einzige Erinnerungsstück an ihren Vater, das sie aus Russland mitgebracht hatte. Diese schrecklichen Geschehnisse schweißten das Mädchen und den Bären noch enger zusammen.

Links: Wärmflaschen-Teddy von Steiff, ca. 1907. Der Kanister wurde mit heißem Wasser gefüllt und in den Bären gestellt, der dann zugeschnürt wurde.

Steiff, ein Stehaufmännchen-
Bär von ungefähr 1909,
der von einem zimtfarbenen
Bären derselben Periode
gehalten wird.

Links: Alfonzo von Steiff, ca. 1908. Prinzessin Xenias Begleiter aus rotem Mohair mit dem Kittel eines Kosaken, welche ihm das Kindermädchen der Prinzessin, »Nanabell«, gefertigt hatte.

Unten: Elliot von Steiff, ca. 1908. Der einzig bekannte Steiff-Bär aus blauem Mohair aus dieser Zeit. Elliot wurde von dem Einkäufer für das Kaufhaus Harrod's in London abgelehnt.

Im Jahre 1921 heiratete Prinzessin Xenia William Leeds, einen Amerikaner, dessen Vater als der »Zinn-Krösus« bekannt war dank des Vermögens, das er durch den Abbau dieses Minerals gemacht hatte. Das Paar zog nach New York, und Alfonzo ging selbstverständlich mit. Als die Prinzessin 1965 starb, erbte ihre Tochter Nancy den Bären, die ihn bei sich behielt, bis er 1989 bei Christie's verkauft wurde.

Teddybären, die in prächtigen Kleidern auf den Markt kamen, erging es bei ihrer Ersteinführung besser als ihren

farbigen Vettern – der Erfolg der Seymour Eaton Roosevelt-Bären schürte wahrscheinlich die Nachfrage nach kostümierten Bären. Sie wurden oft für Anzeigenkampagnen verwendet, und besonders Exemplare mit konplexer Garderobe, die in ihrer Qualität derjenigen der Bären entsprach, erwiesen sich bei den Käufern als bemerkenswert beliebt.

Am 9. Mai 1909 wurde in Giengen die Produktion angehalten – ein seltenes Ereignis – und die Fahne auf Halbmast gesetzt, als die Gründerin der Firma, Margarete Steiff, mit 61 Jahren starb. Ihr gewaltiger Beitrag zu der Entwicklung der Branche bedeutete, dass Spielzeughersteller in der ganzen Welt um sie trauerten. Ihre Freunde, Familie und Angestellten hatten alle von ihren vielen Wohltaten profitiert – und auch von ihrem vorausschauenden Sinn für das Geschäftliche. Als der Pastor drei Tage später die Grabrede hielt, beschrieb er, wie viele Angestellte sie in Brot und Arbeit gebracht hätte, »die Stunden waren nicht zu lang oder die Arbeit zu hart«, oder wie sie den Schwachen, den Behinderten, den Armen und Bedürftigen Trost und Hilfe gespendet hätte.

Margarete hatte auch ihre Neffen ausgebildet, und diese sorgten dafür, dass die Firma weiterhin zu den fortschrittlichsten der Branche gehörte, und dass der Name Synonym für Qualität blieb. Mit neuen Designs folgte eine Serie von unwiderstehlichen, mechanisierten Bären, entwickelt von Hugo Steiff, der Ingenieurswesen in Mannheim studiert hatte. Der wahrscheinlich berühmteste Bär dieser Serie war der Purzelbär, der 1909 eingeführt wurde. Dieser Teddy hatte einen Uhrwerksmotor, der aufgezogen wurde, wenn man den Arm des Bären drehte. Einmal losgelassen, purzelte er vorwärts über den Boden.

Während dieser Zeit statteten die Steiffs einen deutschen Film aus, in dem sich ihre Produkte besonders hervortaten.

Links: Margarete Steiff (1847–1909) ist auf diesem Gemälde von Otto Neubrand mit einem »tadellos« weißen Teddybären dargestellt.

»Steiff Spielzeuge spielen Hauptrolle in Film«, berichtete ein Zeitungsartikel. Der an dem Film beteiligte Kreativdirektor war ein kluger junger Preuße namens Adalbert Schlopsnies. Richard Steiff bewunderte die Arbeit, die Schlopsnies für den Film leistete, und glaubte, er könne der Firma neue Ideen bringen, so dass er ihn 1910 schließlich bat, dem Unternehmen beizutreten. Schlopsnies wollte gern selbstständig bleiben, war jedoch einverstanden, künstlerischer Berater zu werden. Die anderen Mitglieder der Geschäftsführung waren entsetzt, dass Richard einen Außenstehenden in ihr äußerst erfolgreiches Familienunternehmen brachte. Es gelang Richard jedoch, sie davon zu überzeugen, dass ihre Produkte von Schlopsnies kreativer Energie profitieren würden. Seine Risikobereitschaft zahlte sich aus. 1910 wurde die Spielzeugindustrie einmal mehr verzaubert, als Steiff Schlopsnies' Marionettenreihe auf den Markt brachte, darunter den Pantom-Bären. Diese aufregende Puppe, deren Name von dem Wort Pantomime abgeleitet ist, wurde durch Fäden bewegt, die an ihren Gliedmaßen angebracht waren. Der Bär besaß außerdem eine Stimmbox mit einer Zugschnur, was besonders verblüffend war, da sie vom Puppenspieler unsichtbar bedient werden konnte.

Zu Schlopsnies' Obliegenheiten gehörte es, bewegte Bilder für Kaufhausschaufenster und Spielzeugmessen in der ganzen Welt herzustellen, was er so einfallsreich tat, dass der Name Steiff berühmter denn je wurde. Im Herbst 1910 wurde im Kaufhaus Wertheim am Potsdamer Platz in Berlin sein Modell des Zirkus Sarrasani ausgestellt. Mit seinen Clowns, Akrobaten und dressierten Tieren begeisterte es die Stadt und begründete eine Tradition, die bis heute andauert. Möglicherweise hat der Erfolg ihn auch zu seiner Zirkusreihe inspiriert, die Mitte der Dreißiger Jahre auf den Markt gebracht wurde.

Als sich 1912 eine der schlimmsten Tragödien der Seefahrt ereignete, zollte die Firma Steiff dem Tod ihren Respekt

mit einer Sonderausgabe von Bären. Am 14. April 1912 raste das Passagierschiff »Titanic« auf seiner Jungfernfahrt mit Kurs auf New York durch den Atlantik, als es um 23.40 Uhr einen Eisberg vor den Grand Banks an der Küste Neufundlands, Kanada, rammte. Wasser strömte durch einen Einschnitt 90 Meter unter der Wasserfläche, und in weniger als drei Stunden war der Liner gesunken. Die White Star Line hatte die »Titanic« für unsinkbar gehalten und sie daher nicht mit genügend Rettungsbooten ausgestattet. Die Zahl der Todesopfer war daher entsetzlich: 1513 Menschen starben,

Oben: Der Purzelbär von Steiff, ca. 1909. Ein häufig imitiertes Spielzeug mit Uhrwerk.

schwarzen Knopfaugen auf orangefarbenem Filz zu grimmig aus, um Kinder ansprechen zu können. Oder vielleicht glaubte man, ihre vollen schwarzen Mohairpelze sähen zu sehr nach Beerdigung aus. Aus welchem Grund auch immer – 1907 wurden die Bären nicht kommerziell hergestellt, obwohl ein Prototyp dieses Jahres in den Archiven verblieb. Nach dem Erfolg der Titanic-Bären wurden zwischen 1917 und 1919 weitere 161 schwarze Bären hergestellt, so dass die Gesamtzahl der produzierten Bären 655 erreichte. Heute gehören sie zu den gefragtesten Teddies der Welt.

Steiff ließ sich ständig von Ereignissen aus der ganzen Welt inspirieren. 1913 stellte es den Dolly-Bären her, rechtzeitig zu den US-Präsidentschaftswahlen, wobei es das Rot, das Weiß und das Blau der Stars-and-Stripes-Flagge in das Design einbezog. In demselben Jahr wurde die Rekord-Reihe eingeführt, darunter auch der 25 cm große Rekord-Teddy, der auf einem Metallchassis über vier hölzernen Rädern sitzt. Wenn man den Teddy aus hellbraunem Plüsch vorwärts zog, bewegten sich seine Arme und sein Kopf, als würde er rudern, und er gab ein Brummen von sich. Weitere von Steiff angebotene Spielzeugneuheiten auf Rädern aus dieser Zeit waren traditionell aussehende Bären auf allen Vieren zum Hinterherziehen. Ihre Größe variierte zwischen 17 cm und 60 cm. Die kleineren konnte man an der Leine spazieren führen, während die größeren Versionen eine herrliche Transportmöglichkeit für kleine Kinder darstellten.

Solche Neuentwicklungen wurden jedoch 1914 zwangsweise ausgesetzt: Bei Ausbruch des Ersten Weltkrieges verlor der Spielzeugmarkt an Boden. Deutschlands Grenzen wurden geschlossen, so dass Exporte in die USA, nach Frankreich und Großbritannien unmöglich waren. Importe von Rohmaterialien, einschließlich gesponnenen Mohairs aus dem Norden Englands, wurden ebenfalls unterbunden. Ein Engpass machte sich aber erst 1917 bemerkbar. Richard, Paul und Hugo Steiff wurden zum Militär eingezogen, während ihre Fabrik aufgefordert wurde, Kriegsbedarf zu

darunter viele Frauen und Männer, die in der unteren Klasse reisten und daran gehindert wurden, die Rettungsboote zu erreichen. Als die Nachricht von der Katastrophe England ereilte, wurde das gesamte Land in Trauer gestürzt. Steiff reagierte darauf, indem es 494 schwarze Bären produzierte, die nach dem Unglück wochenlang in Schaufenstern ganz Londons ausgestellt wurden. Sie trafen eindeutig das Gefühl der Menschen und waren schnell ausverkauft.

Oben: Dolly Bär von Steiff, bekannt als Gilbert, 1913. Dieser Teddy wurde für eine US-amerikanische Präsidentschaftswahl gefertigt.

Fünf Jahre vorher hatte Steiff einen schwarzen Musterbären hergestellt, der sehr verhalten aufgenommen wurde. Vielleicht glaubten die Käufer, die Teddys sähen mit ihren

Links: Bär und Artilleriemann aus der Marionettenserie von Steiff von 1910 werden hier von ihrem Designer, Albert Schlopsnies, bedient.

Teddybären, in der Hunderte von Herstellern, sowohl neue als auch alte, Bären in allen Größen und Formen produzierten. Jedes aufregende neue Produkt, das auf den Markt kam, wurde von anderen aus der Branche schnell übernommen, imitiert oder abgewandelt. Arbeiter gingen von einer Firma zur nächsten und nahmen ihre Fertigkeiten, Ideen und Designs und manchmal sogar die Produkte selbst mit.

Steiffs größter Konkurrent auf dem frühen europäischen Teddybärenmarkt waren die Gebrüder Bing. 1863 in Nürnberg von den Brüdern Ignaz und Adolf Bing gegründet, begann die Firma als Großhändler für Küchengeräte und Blechwaren. 1881 wandten sich die Brüder der Spielzeugherstellung zu und gründeten schon bald die Gebrüder Bing Spielzeugfabrik Nürnberg in der Karolinenstraße. Sie stellten jegliche Art von Blechwaren und emailliertem Spielzeug her, darunter Züge, Boote und Autos, viele davon mit mechanischem Antrieb. Bing produzierte für den anspruchsvollen Markt und verkaufte über Schauräume in Hamburg, Berlin, London, Paris und Amsterdam. Im Jahre 1895 änderte das Unternehmen seinen Namen in Nürnberger Metallwarenfabrik Gebrüder Bing, und in demselben Jahr verließ Adolf die Firma. Anfang des 20. Jahrhunderts zählte sie zu den größten Spielwarenherstellern der Welt. Ihr Katalog für das Jahr 1906 weist sie als Unternehmen mit rund 3 000 Angestellten und Läden in Hamburg, Berlin, London, Paris, Mailand und Amsterdam aus.

1907 entschloss sich Bing, aus der Bärenmanie Kapital zu schlagen. Die ersten von der Firma hergestellten Bären waren denen der Steiffs in Design und allgemeinem Erscheinungsbild unglaublich ähnlich: Das Mohair besaß eine vergleichbare Dichte und Qualität, und auch die Farben waren vergleichbar. Für die großen Füße und Pfoten wurde Filz verwendet; fast identische Knopfaugen saßen in einem sehr ähnlich geformten Gesicht. Der Rücken hatte einen Buckel, und die Arme waren länger

produzieren. Zwar wurden weiterhin Spielzeug gefertigt, so auch Soldatenpuppen in deutschen, belgischen, österreichischen, türkischen, italienischen und russischen Uniformen, es gibt jedoch keine Aufzeichnungen über bekleidete Teddybären.

Ein teutonisches Talent für Teddys

Oben: Rekord Teddy von Steiff, ca. 1913, Teil der berühmten Rekord-Reihe, bestehend aus Tieren zum Hinterherziehen.

Trotz dieser durch den Ersten Weltkrieg verursachten Rückschläge blieb Deutschland während des frühen zwanzigsten Jahrhunderts weltweit die Hauptstadt der Spielzeugherstellung, so dass es nicht lange dauerte, bis andere versuchten, Steiffs Erfolg nachzuahmen. Es war eine höchst kreative Zeit in der Geschichte des

Links: Margarete Steiff GmbH, 1912, einer von nur 494 schwarzen Steiff-Bären, die für einen britischen Markt hergestellt wurden, der um den Verlust der »Titanic« trauerte.

als die Beine. Diese Teddys hatten sogar einen Metallknopf zur Identifizierung (allerdings im rechten Ohr). Steiff erhob sofort Einwände und behauptete, sein Urheberrecht sei verletzt worden. Als Reaktion darauf änderte Bing den Knopf zu einer Metallplakette in Form eines Pfeils ab, die man wieder in das rechte Ohr des Bären setzte. Steiff wehrte sich weiterhin. Bings nächster Schritt war es, den Pfeil durch einen Knopf zu ersetzen, den man am Körper des Bären unter seinem linken Arm anbrachte. Nach langwierigen gerichtlichen Auseinandersetzungen gab Steiff nach, solange das Wort Knopf nicht auf dem Zeichen auftauchte. Schließlich kennzeichnete Bing seine Bären durch einen Metallknopf am rechten Arm, in den GBN für Gebrüder Bing, Nürnberg eingeprägt war.

Die markante Ähnlichkeit zwischen den Steiff-Bären und denen von Bing aus dieser Zeit kann Experten, welche versuchen, die ersten Bären zu identifizieren, Probleme bereiten. Es bestehen subtile Unterschiede zwischen den beiden, und nach diesen Unterschieden suchen die Experten, wenn sie durch einen Bären ohne Identifikationszeichen gefordert sind (dies ist oft der Fall, denn Plaketten, Knöpfe und Etiketten wurden von vorsichtigen Kindermädchen und Eltern entfernt, die befürchteten, sie könnten verschluckt werden). Anders als Steiff bestickte Bing die Nasen seiner Bären oft mit einem doppelt gelegten Faden. Die von beiden Firmen verwendeten Ohren waren klein, gerundet und weit auseinander gesetzt, doch die von Steiff waren etwas stärker gewölbt. Weitere Unterschiede können bei der Länge und der Form der Glieder, der Definition des Handgelenks und des Knöchels, der Form der Pfoten und der Rundung der Füße entdeckt werden.

Allgemein war Bing weniger konsequent mit seinen Designs als Steiff, so dass anzunehmen ist, wenn beispiels–

Links: Gebrüder Bing, ca. 1910. Bing nutzte seine Erfahrung im der Herstellung automatisierter Spielzeugautos, um Bären wie diesen mit Uhrwerk herzustellen.

weise die Qualität des Mohairs an zwei ansonsten identischen Bären unterschiedlich ist, dass sie wahrscheinlich von Bing produziert wurden.

Eine Eigenschaft, die einigen wenigen Bing-Bären, die nur kurzzeitig produziert wurden, zu eigen ist, sind Ohren, die aus einem Stück gefertigt sind. Ohren werden für gewöhnlich aus zwei separaten Plüschteilen gemacht, die an den Kopf genäht werden. Aber für diese Bären wurde nur ein Stoffstück für Kopf und Ohren verwendet. Obgleich es mit dieser Methode sehr viel schwieriger ist, den Kopf zu formen, gelang es Bing, entzückende und perfekt runde Ohren zu erzielen.

Bings frühere Erfahrungen mit der Produktion von Zinnplatten und mechanischem Spielzeug ermöglichten es der Firma, bei der Herstellung von aufziehbaren Bären zu glänzen. Heute gelten diese Bären als die besten in diesem Bereich. Einige waren Kuscheltiere, die einfache Bewegungen ausführen konnten, wie zum Beispiel ihren Kopf von einer Seite zur anderen drehen; andere konnten auf allen Vieren laufen, Rollschuh fahren oder einen Fußball treten. Um 1910 stellte Bing einen sich überschlagenden Bären her, der die Firma einmal mehr vor Gericht brachte. Steiff beschwerte sich, dass dies eine Kopie des Purzel-Bären sei, der 1909 hergestellt wurde. Obgleich der Steiff-Bär frei stehen konnte, während der Bing-Akrobat von einem hölzernen Rahmen hing, gab es genug Ähnlichkeiten, um die gerichtliche Auseinandersetzung, die 1911 begann, über vier Jahre auszudehnen.

Die Firma wuchs weiter bis zum Ersten Weltkrieg, und 1914 beschäftigte sie 5000 Mitarbeiter. Während des Krieges war Bing, ebenso wie andere Firmen, gezwungen, die Produktion auf militärische Produkte umzustellen. Als Ignaz Bing 1918 starb, wurde sein Sohn Stefan Generaldirektor, der den Namen in Bing Werke änderte. Ab 1920 wurde das Kennzeichen der Firma ebenfalls in einen roten Knopf mit den Buchstaben »BW« abgeändert.

Die Gebrüder Bing mögen stark von Steiff beeinflusst gewesen sein, aber ihre Handlungen verblassen bis zur

Bedeutungslosigkeit im Vergleich zu denen der Wilhelm Strunz Filzspielzeug & Co. in Allersberg und Nürnberg. Bereits 1905 begann man bei Strunz – recht offensichtlich und unter kompletter Missachtung des Gesetzes – die Steiff-Produkte zu kopieren. Man kaufte sie, nahm sie auseinander – wobei man die Art der Zusammensetzung sorgfältig studierte –, verwendete die Teile, um Muster zu fertigen, und produzierte dann genaue Kopien der Originale (diese Kopien waren eigentlich nicht ganz exakt, da Strunz Qualität und Liebe zum Detail nicht reproduzieren wollte oder konnte).

Einer der ersten Teddybären, die Strunz kopierte, war Steiffs über Drehscheiben verbundener Bär 28 PB. Die dürftige Imitation besaß viele Eigenschaften des Originals,

Unten: Vor 1919 wurde Spielzeug von Bing mit »GBN«, nach 1919 mit »BW« gekennzeichnet.

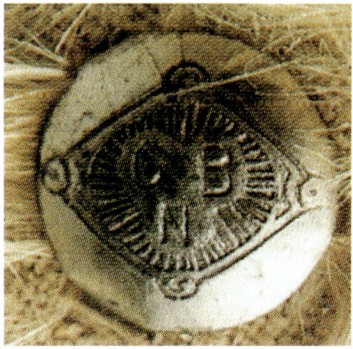

Rechts: Jimmy, Gebrüder Bing, ca. 1908. Ivy Tapp, die auf dem Foto zu sehen ist, nannte ihren Bären Jimmy nach ihrem Vater, James Tapp, der ihn ihr zu ihrem siebten Geburtstag am 14. Februar 1908 schenkte.

einschließlich des Metallknopfes im Ohr, wenngleich er sechskantig und an ihm ein Etikett angebracht war. Franz Steiff scheute keine Mühen, Strunz zu überreden, das Zeichen zurückzuziehen. Aber schließlich musste er doch gerichtliche Schritte einleiten, um das Knopf-im-Ohr-Warenzeichen zu schützen. Die scheinbar endlosen Auseinandersetzungen liefen schließlich auf einen Kompromiss hinaus: am 28. Oktober 1908 erhielt Strunz die Erlaubnis, ein Papieretikett im Ohr seiner Bären anzubringen, unter der Voraussetzung, dass dieses mit einer Öse und nicht mit einem Knopf befestigt wurde. Obgleich Strunz den Kompromiss akzeptierte, stahl er weiterhin die Ideen von Steiff.

Ein Unterscheidungsmerkmal der Strunz-Bären ist, dass sie ab 1910 alle mit »Präsident« gekennzeichnet wurden, unter Bezugnahme auf Teddy Roosevelt, den »Vater des Bären«. Es gilt als fast sicher, dass die Firma den Ersten Weltkrieg nicht überstand, da keine Nachkriegsmuster bekannt sind.

Etwa 100 km nördlich von Nürnberg gab es ein weiteres deutsches Zentrum der Spielzeugproduktion, das auf die Herstellung von Kuscheltieren spezialisiert war. In Sonneberg existierten Dutzende, wenn nicht Hunderte von kleinen Firmen, die billige und fröhliche Produkte herstellten, größtenteils für den Binnenmarkt. Ein Unternehmen von etwas höhrem Qualitätsniveau war Educa, gegründet von Eduard Crämer 1896. Crämer, Sohn eines Schneiders, wurde 1858 in Schalkau geboren, einem kleinen Dorf, nur 16 km von Sonneberg entfernt. Er besuchte die Schneiderschule in Dresden in der Absicht, eines Tages das Geschäft seines Vaters zu übernehmen. Aber in Schalkau gab es ein Übermaß an Schneidern, so dass Krämer gezwungen war, nach beruflichen Alternativen zu suchen. Glücklicherweise war Hilfe zur Hand. Sein Schwiegervater, Paul Schwabacher, war ein Spielzeugmacher im gleichen Dorf, und er ermutigte Crämer dazu, Muster für Stofftiere zu entwerfen. Wie Margarete Steiff machte Crämer zunächst einen Elefanten, der allerdings sehr grob aus alten Bettlaken zusammengenäht war.

Crämer war ein sehr hart arbeitender und entschlossener Mann, der die Wichtigkeit guter Qualität und guten Designs erkannte. Während andere Stofftierhersteller Wegwerfartikel ohne großen Wert produzierten, konzentrierte sich Crämer darauf, Qualitäts-Teddybären für den Export zu entwerfen. Seine Bemühungen wurden 1906/07 belohnt, als er einen riesigen Auftrag über 6000 Bären von einem Großhändler in Sonneberg erhielt. Mit den Einnahmen aus deren Verkauf war er in der Lage, ein Haus für sich zu bauen und eine Fabrik für sein Geschäft. Dank der Unterstützung

Oben: Bär der Wilhelm Strunz Filzspielzeug & Co., ca. 1912, ein Vorläufer der Harlekin- und Clown-Bären der 20er.

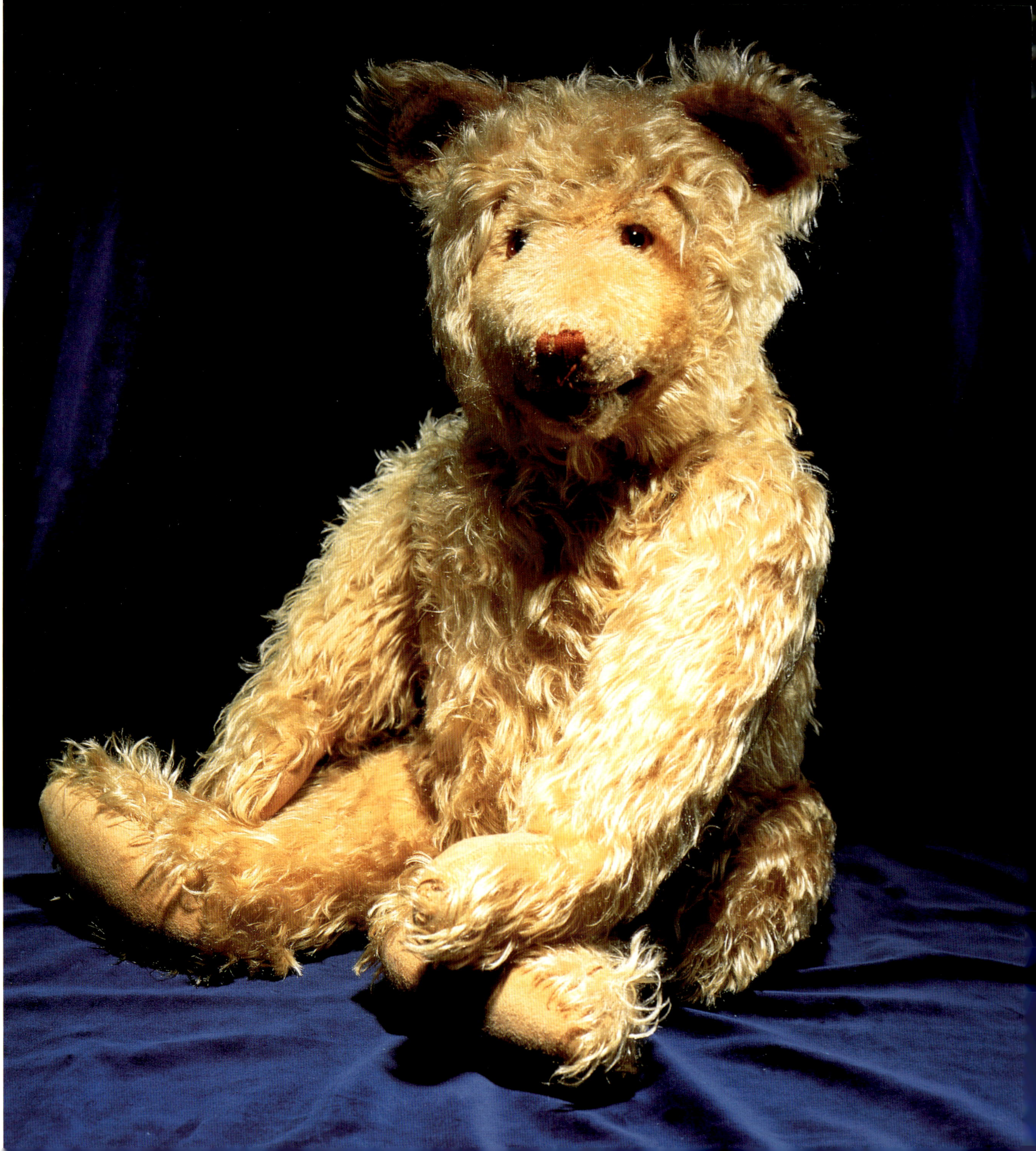

seines Sohnes Hermann und seines Schwiegersohnes Heinrich Lohr florierte das Geschäft, trotz Crämers mangelnder kaufmännischer Ausbildung und fehlenden Kapitals. Und, wie so viele andere Spielzeugunternehmen, durchlebte es mit Ausbruch des Ersten Weltkrieges eine wirtschaftliche Flaute.

Sämtliche Educa-Bären wurden in neun Standard-Größen gefertigt, von 20 cm bis 71 cm. Sie besaßen einzigartige herzförmige Schnauzen – einige hatten offene Münder, andere Filzzungen und wieder andere etwas komisch anmutende, rot bestickte Mäuler – was sie leicht identifizierbar macht (die Bären waren mit Anhängern versehen, aber ohne Etiketten oder Knöpfe). Das Unternehmen entwickelte viele neuartige Designs, darunter bunte, tanzende und herumhüpfende Bären, eine Reihe von Clownbären, die Musik machten, wenn ihre Köpfe sanft nach vorn und nach hinten gekippt wurden.

Neben den herausragenden Pionieren unter den Teddybärherstellern gab es in Deutschland weitere wichtige Firmen, die vor dem Ersten Weltkrieg ihre Produktion aufnahmen, jedoch erst durch ihre Produkte aus dem Nachkriegszeit bekannt wurden. Zu dieser Gruppe gehörten Moritz Pappe, die Familie Hermann, Josef Pitrmann und Schreyer & Co. (Schuco), wie wir noch sehen werden. Und selbst mit ihnen ist das Bild bei weitem noch nicht vollständig, denn es gab eine Vielzahl kleinerer Firmen, deren Geschichten für uns verloren sind oder darauf wartet, ausgegraben zu werden.

Die Geburt des britischen Bären
Die drittwichtigste Nation in der Geschichte des Teddybären war Großbritannien. Bis 1908 hatte sich die Bärenmanie auch im britischen Königreich ausgebreitet, wahrscheinlich unterstützt durch die Tatsache, dass Groß-

Gegenüber: Educa, 20er Jahre. Die von Eduard Crämer hergestellten Bären lassen sich an ihren charakteristischen herzförmigen Schnauzen erkennen.

britannien seinen eigenen »Teddy« (Koseform für Edward) in der Person König Edwards VII. besaß. Die ersten Bären, die auftauchten, waren aus Deutschland importiert. Aber schon 1906 begann sich mit Teddys aus den Katalogen des in London ansässigen Herstellers J. K. Farnell eine eigene Bärenindustrie zu etablieren. Dieses Familienunternehmen war von John Kirby Farnell 1840 im Londoner Stadtviertel Notting Hill gegründet worden. Es begann mit Seidenhandel und konzentrierte sich auf die Herstellung von kleinen Seidenartikeln wie Nadelkissen, Teewärmern und Tintenwischern. Die für solche feinen Näharbeiten erforderlichen Fertigkeiten kamen der Familie in späteren Jahren gut zustatten.

Links: J. K. Farnell, ca. 1910. Die Knopfaugen dieses Bären deuten darauf hin, dass er aus den ersten Jahren der Farnell-Produktion stammt.

Beim Tod John Farnells im Jahre 1897 zogen sein Sohn und seine Tochter, Henry und Agnes Farnell, mit der Firma auf ein bescheidenes, gepachtetes Landgut in Acton, Westlondon, genannt The Elms. Hier stellten sie ihre allerersten Kuscheltiere und Teddybären her, von denen einige aus so ungewöhnlichen Materialien wie Hasenfell gefertigt waren. Schon bald jedoch wandten sie sich hochwertigem, lockigem Mohairplüsch zu und begannen, erstklassige Bären herzustellen. Wie ihre deutschen Gegen-

stücke besaßen die ersten Farnell-Bären spitze Schnauzen, lange Arme und Beine und einen Buckel oben am Rücken. Die frühen Teddys hatten Knopfaugen, doch die Firma schaltete schnell auf bemalte Glasaugen um. Das wichtigste Unterscheidungsmerkmal eines Farnell-Bären – das vielen britischen Teddys eigen ist – waren seine netzartigen Pfoten: Die Stiche, welche die Klauen bildeten, waren so mit den Pfoten verbunden, dass sie einen Netzeffekt erzeugten. Solche Details können entscheidend sein, wenn man versucht, einen frühen Bären zu identifizieren. (Die ersten Farnell-Bären etwa wurden nur sehr selten gekennzeichnet.)

Während des Ersten Weltkrieges stellte Farnell Miniaturbären aus traditionellem goldenem Mohair sowie in den patriotischen Farben Rot, Weiß und Blau her. Sie wurden den Soldaten von ihren Liebsten als Glücksbringer mit auf den Weg an die Front gegeben. Einige müssen Wunder gewirkt haben, da über siebzig Jahre später noch Teddys gefunden wurden, die unbeschädigt in Uniformtaschen steckten (die Bären wurden mit nach oben gerichteten Gesichtern gefertigt, so dass sie aus einer Brusttasche schauen konnten). Die berühmteste Sammlung von Soldatenbären gehörte in den vergangenen Jahren den am 18. Januar 1910 geborenen Zwillingen David und Guy Campbell. Die Schulzeit verbrachten sie am Eton College in Berkshire, England. Ihre Ferien jedoch verlebten sie meistens bei ihrer Großmutter, Mrs. Rosabelle Rawlins, in ihrem elisabethanischen Herrenhaus in Dorset. Hier erfuhren sie von den heroischen Taten ihrer Soldatenvorfahren in viktorianischer Zeit, wie dem Sturm der Leichten Brigade (1854) und der fehlgeschlagenen Befreiung General Gordons bei Khartum (1885).

Die Jungen erhielten Soldatenbären von ihrer Großmutter, für gewöhnlich einen oder zwei, aber an einem Weihnachtsfest kaufte sie ihnen fünfzig auf einmal. Sie fingen an, die Bären zu verwenden, um einige der Abenteuer, die ihnen erzählt

Rechts: J.K. Farnell, 20er Jahre. Bären von den ersten britischen Herstellern wie Farnell und Terry hatten oft charakteristische Pfoten, die mit Netzen überzogen scheinen.

worden waren, nachzuspielen, ebenso wie weiter zurück-liegende historische Ereignisse, große sportliche Leistungen und Szenen aus Schauerromanen. Sie begannen, ihnen Requisiten zu bauen, so auch ein Schloss und einige Landhäuser, eine elisabethanische Galeone und ein Piratenschiff, eine Postkutsche für Szenen aus dem Wilden Westen sowie für die Abenteuer des Straßenräubers Dick Turpin. Viele der Bären wurden nach Freunden, Verwandten oder historischen Persönlichkeiten benannt, und einige wurden mit selbst geschneiderte Gewändern aus Fetzen alter Uniformen und Ordensbändern bekleidet. Je mehr Bären die Jungen erhielten, desto umfangreicher und komplizierter wurde ihr Spiel.

Wie alle Sammler hatte jeder der Jungen seinen Lieblingsbären. Davids hieß Grubby, und Guys war Young. Als die Zwillinge erwachsen wurden, traten beide der Armee bei und nahmen ihre Bären mit in die Schlachten des Zweiten Weltkrieges. Beide Männer erhielten das Verdienstkreuz für Tapferkeit vor dem Feind – Ehrungen, die sie mit ihren Bären teilten. Die Zwillinge und ihre Bären blieben auch nach dem Krieg unzertrennlich, bis sie kurz nacheinander Anfang der Neunzigerjahre starben. Grubby MC und Young MC fanden dann ein neues Zuhause im Puppenmuseum im schweizerischen Basel, während die verbleibenden 396 Farnell-Soldatenbären der Campbell-Sammlung auf einer Auktion im Mai 1999 verkauft wurden.

Ein weiteres britisches Unternehmen mit einer ähnlichen Geschichte wie die J.K. Farnells war W.J. Terry, ein Pelzhandelsunternehmen von William J. Terry 1890 gegründet wurde. Auch Terry begann Anfang des zwanzigsten Jahrhunderts, Stofftiere herzustellen, die mit echtem Fell überzogen waren. 1909 war das Unternehmen dank des Erfolges eines Spielzeughundes namens Terry'er, in Anlehnung an Caesar, den Hund König Edwards VII., in der Lage, eine große Fabrik in der Middelton Road 25, im Londoner Stadtteil Hackney, zu eröffnen. 1913 zog W.J.

Terry in die Lavender Grove, ebenfalls in Hackney, entwickelte die Terry'er-Spielzeugserie weiter und führte neben diversen Tieren auch Plüschbären aus Mohair.

Terry-Bären machten sich das Aussehen der Farnell-Bären zu eigen, und die beiden sind oft verwechselt worden. Erstere bestehen aus langhaarigem, silberfarbenen Mohairplüsch und haben einen eher aufrechten Körper mit ausgeprägtem Buckel. Wie Farnell zog auch Terry große Glasaugen mit bemalten Rückseiten den Knopfaugen vor. Das Unternehmen übernahm auch die gewebten Klauen.

Oben: Soldatenbär von J.K. Farnell, 1914–1918, einer der Bären der Campbell-Zwillinge.

Als William Terry 1924 starb, kämpfte sein Sohn Frederick um die Weiterführung des Geschäfts. Wie viele andere solcher Unternehmen war auch dieses durch die Weltwirtschaftskrise in den Dreißigern in Mitleidenschaft gezogen worden, so dass die Produktion noch vor dem Zweiten Weltkrieg eingestellt wurde.

Harwin & Co. Ltd., ein weiterer Hersteller qualitativ hochwertiger Teddybären, existierte für noch kürzere Zeit. Viele Experten sind der Auffassung, dass auch Harwin durch Farnell beeinflusst wurde. Sein Verkaufsleiter, Fred Taylor, hatte jedoch vorher für Steiff gearbeitet, und diese Tatsache übte zweifellos einen Einfluss auf Harwins Designs aus. Das Unternehmen aus dem Norden Londons wurde 1914 von G. W. Harwin gegründet, wahrscheinlich als Reaktion auf das Importverbot für deutsche Produkte nach Erklärung des Ersten Weltkrieges, das britischen Unternehmen ein Monopol im Binnenmarkt und in den über-

seeischen Kolonien sicherte. Zu Beginn des Krieges konnten die Plüschhersteller von Yorkshire also ihre Produkte nicht nach Deutschland verkaufen und waren so begierig darauf, neue Käufer für ihre Stoffe zu finden. Später gingen ihnen die Rohstoffe aus, und sie stellten ihre Produktion auf die Herstellung weniger edler Waren für den militärischen Bedarf um.

Zu Beginn der Herstellung konzentrierte sich Harwin hauptsächlich auf Filzpuppen. Aus diesem Grund tragen die Bären der einprägsamsten und berühmtesten Bärenreihe die feinsten Filzkleider, entworfen von der Tochter des Gründers, Dorothy. Ally-Bären trugen die Uniformen von Soldaten des Ersten Weltkrieges, von Matrosen der alliierten Kräfte sowie von Krankenschwestern des Roten Kreuzes. Obwohl sie extrem erfolgreich waren, sind Ally-Bären heute sehr selten. Eine Erklärung dafür ist, dass sie ihre Besitzer an die Front begleiteten und, wie so viele von ihnen, nie zurückkehrten.

Harwin & Co. Ltd. war auch für einen schottischen Bären in Highlander-Aufmachung verantwortlich, der als Teil der »Eyes Right«- (Augen rechts-) Serie (der Name ist eine Anspielung auf die Kulleraugen des Bären) war. Man glaubt, dass die Firma auch die Maskottchen für den ersten Transatlantik-Nonstopflug am 14. Juni 1919 gefertigt hat. Die Herstellung solcher hochwertig gekleideten Bären war teuer, und Harwin & Co. Ltd. war daher gezwungen, Anfang 1930 zu schließen.

Einer der ersten britischen Hersteller, der die Widrigkeiten des zwanzigsten Jahrhunderts bis heute überlebt hat, ist Dean's Rag Book Co. Ltd., 1903 von Henry Samuel Dean ganz in der Nähe der Londoner Fleet Street gegründet. Die Firma war auf nicht zu zerstörende Lumpenbücher spezialisiert, »für Kinder, die ihr Essen tragen und ihre Kleider essen«. Diese Haltung spiegelte sich in ihrem Markenzeichen wider, das zwei Hunde darstellte, die sich um ein

Rechts: Humphrey, um 1910. Der lange, gerade Körper dieses Bären, seine weit auseinander stehenden Ohren und seine großen, starrenden Augen lassen vermuten, dass es sich um ein frühes Muster von W. J. Terry handelt.

TRADE MARK

Lumpenbuch stritten. Es handelte sich um eine Tochtergesellschaft von Dean & Son Ltd., ein im neunzehnten Jahrhundert gegründetes Druck- und Verlagshaus, das als eines der ersten Unterhaltungsbücher für Kinder herstellte.

Im Jahre 1908 stellte Dean's Rag Book Co. einen Teddybären aus bedrucktem Stoff als Teil seiner Knockabout Toys-Serie her. Der Baumwollbär musste aus einem bedruckten Stoffstück ausgeschnitten und zu Hause zusammengesetzt werden. In demselben Jahr gab man auch ein Teddybär-Lumpenbuch heraus. 1912 zog das Unternehmen nach Elephant & Castle im Südosten Londons und produzierte drei Jahre später seinen ersten Bären aus Plüschmohair. Er wurde unter der Marke Kuddlemee auf den Markt gebracht und hatte spitze Ohren und lange, angefügte Glieder. Während des Ersten Weltkrieges war die Produktion gering (wenngleich ein bedruckter patriotischer Teddy namens »Der Russische Bär« als Deutschlands Bezwinger herausgebracht wurde). Darüber hinaus wurde sie durch ein Feuer im Jahre 1916 unterbrochen, das viele der ersten Muster zerstörte.

Ein weiterer Hersteller, der 1915 Teddybären einführte, war die Chad Valley Co. Ltd. Diese Firma hatte 95 Jahre früher als Buchbinderei und Druckerei begonnen und war von Anthony Bunn Johnson in Birmingham gegründet worden. Seine Söhne, Joseph und Alfred, gründeten 1860 ihr eigenes Papierwarengeschäft, Messrs. Johnson Bros., ebenfalls in Birmingham. 1889 war Josephs Sohn, Alfred J. Johnson, dem Familiengeschäft beigetreten, und acht Jahre später zogen Vater und Sohn in eine neue Fabrik in das nahe gelegene Dorf Harborne um. Hier wurde das Chad Valley-Markenzeichen geboren, inspiriert von dem Fluss Chad, der durch Harborne fließt. 1990 war die Produktreihe um Brettspiele erweitert worden. Beim Tod seines Vaters 1904 leitete Alfred J. Johnson die Firma als Vorsitzender und Geschäftsführer weiter, unterstützt von seiner Familie, seinen Brüdern Arthur und Henry und seinem Schwager William Riley.

Chad Valley begann, sich zunehmend auf Spielzeug zu konzentrieren. Die Produktion wuchs beständig, auch dank des Einfuhrverbots deutscher Waren während des Ersten Weltkrieges. Dieses Importverbot war zweifellos der

Oben: Dean's Rag Book Co. Ltd. mit dem berühmten Markenzeichen eines Terriers und einer Bulldogge, die sich um ein Rag Book, ein »Lumpenbuch«, streiten. Es wurde 1903 von dem Künstler Stanley Berkeley entworfen.

Links: Chad Valley Co., Ltd., 20er Jahre. Dieser Bär ist mit Korkschnitzeln ausgestopft, was wohl auf die Materialknappheit in der Folge des Ersten Weltkrieges zurückzuführen ist.

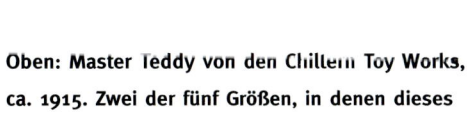

Oben: Master Teddy von den Chiltern Toy Works, ca. 1915. Zwei der fünf Größen, in denen dieses Modell erhältlich war.

Rechts: Eyes Right (Augen rechts) von Harwin & Co. Ltd., 1914–18. Ein Bär mit Kulleraugen, der die Moral der schottischen Regimenter während des Ersten Weltkrieges heben sollte.

Rechts: Seltener Einco, ca. 20er Jahre. Ohne die Brustplakette könnte man diesen Bären leicht mit einem Farnell-Bären verwechseln.

eröffnet. Anfänglich erhielt sie den Namen Wrekin Toy Works und wurde später in Chad Valley Co. Ltd. umbenannt. Die Druckarbeiten blieben weiterhin im Harborne Village Institute.

Die British United Toy Manufacturing Co. Ltd. war 1894 als James S. Renvoize Ltd. für die Herstellung von Spielzeugsoldaten aus Blei gegründet worden. 1911 fügte sie ihrer Reihe von Produkten auch Teddybären und andere Stofftiere hinzu und erlebte während des Krieges einen Boom in der Produktion. 1914 wurde Coaster Toys eingeführt, zu denen auch ein Teddybär auf Rädern gehörte, der bemerkenswerte Ähnlichkeiten mit Steiffs Rekord-Teddy aufwies. Im gleichen Jahr nahm die Firma den Handelsnamen Omega an, wenngleich er bis 1929 nicht offiziell eingetragen wurde.

Die britischen und deutschen Märkte waren eng verwoben. Chiltern Toys Works wurde beispielsweise 1881 in Deutschland als Spielzeugexporteur von den Brüdern Josef und Gabriel Eisenmann gegründet. Josef hatte seinen Sitz in London, in der Whitecross Street 45, während Gabriel in Fürth in Bayern blieb. Um 1900 schloss sich der deutschstämmige Leon Rees Josef Eisenmann als Geschäftspartner an und verließ sein Vaterland, um sich in Großbritannien niederzulassen. Diese Partnerschaft wurde durch Leons Heirat mit Josefs Tochter noch gefestigt. Eisenmann & Co. Ltd. soll Teddybären von Deutschland nach Großbritannien gebracht haben und hatte sicherlich einen Einfluss auf J. K. Farnells Bären. 1908 eröffnete Eisenmann & Co. Ltd. die Chiltern Works, eine Spielzeugfabrik mit Sitz in Chesham, Buckinghamshire, die auf die Herstellung von Puppen spezialisiert war. Wie so viele britische Firmen veranlasste sie der Ausbruch des Krieges zur Produktion von Teddybären, und 1915 brachte sie den Master Teddy auf den Markt. Dieser seltsam aussehende

Auslöser dafür, dass nun auch Stofftiere in das Sortiment aufgenommen wurden. 1915 hatten die ersten Teddybären ihr Debüt. Einige dieser Bären aus Kriegstagen waren – wohl in Ermangelung von Holzwolle – mit Korkstücken gefüllt. Das Problem muss jedoch gelöst worden sein, denn 1916 ließ sich das Unternehmen eine Maschine zum Ausstopfen von Stofftieren patentieren.

Während der Kriegsjahre produzierte Chad Valley weiterhin Teddybären, und bis 1920 hatte das Unternehmen eine separate Anlage für Stofftiere in Wellington, Shropshire,

Kerl – er wird heute in einer sarkastischen Untertreibung oft als »nicht der hübscheste Bär« bezeichnet – ging auf eine Figur in *The Teddy Tail League* zurück, einem Comic, der in der *Daily Mail* veröffentlicht wurde, und von dem er seine weit auseinander stehenden Kugelaugen geerbt hat. Er ist heute ein beliebtes Sammelobjekt, besonders wenn er noch sein rosa kariertes Hemd, seine blaue Filzhose und Hosenträger besitzt. Weitere von Eisenmann & Co. Ltd. produzierte Bären (die oftmals unter dem Namen »Einco« gehandelt wurden) besaßen netzartige Pfoten und werden heute oft mit Farnell-Bären verwechselt.

Auch die von der Firma Steevans Manufacturing Co. Ltd. hergestellten Bären sehen eher wunderlich aus. Über diese britische Firma, die ihre Blütezeit von ungefähr 1910 bis in die frühen Zwanzigerjahre hatte, ist wenig bekannt. Der heute einzig verbliebene, mit einem Etikett versehene Teddy ist komplett mit einer Spieluhr ausgerüstet; andere, nicht etikettierte Steevans-Bären sind aus farbigem Mohair und sehr grob entworfen, aber ihr Seltenheitswert lässt sie zu beliebten Sammelobjekt werden.

Die Jahre zwischen 1904 und 1919 waren vielleicht die entscheidendsten in der Geschichte des Teddys. Die perfektionierten Designs von Richard Steiff, die von Unternehmen in Deutschland, den USA und Großbritannien übernommen wurden, schürten eine bisher nicht da gewesene Nachfrage nach Bären. Und anders als viele andere »Muß-ich-haben«-Spielwaren starb diese Manie nie aus. Folglich ergriffen, als der Erste Weltkrieg die traditionellen Quellen für Teddys in Deutschland abschnitt, sowohl niedergelassene Hersteller in Großbritannien als auch neu entstehende die Gelegenheit, ihr eigenes Potenzial zu entwickeln und als aktive Konkurrenz in den Zwanzigerjahren mitzubieten.

Unten: Steevans Manufacturing Co. Ltd., um 1910. Ein rosafarbener Bär, mit einem Glockenspiel, das Musik macht, wenn man ihn schaukelt.

Der Bär im Krieg

Mit Ausbruch des Ersten Weltkrieges kam die Produktion auf dem gesamten europäischen Festland beinahe zum Stillstand, da Fabrikarbeiter und -besitzer eingezogen und Gebäude für die Kriegsproduktion beschlagnahmt wurden. Britische Unternehmen entstanden, die patriotische Maskottchen herstellten, manchmal in die Uniformen der alliierten Kräfte gekleidet. Teddybären trösteten diejenigen, die an der westlichen Front dienten, und auch die Millionen von Kindern, die nach dem Krieg vaterlos zurückblieben. Während des Zweiten Weltkrieges wurden Rohstoffe rationiert, so dass kommerziell hergestellte Teddys oft kürzere Hälse, Glieder und Schnauzen hatten, um so Material zu sparen. Teddybären halfen, Kinder zu beruhigen, die von den Bombardierungen und der Wirkung des Krieges völlig verängstigt waren oder die aus den Städten evakuiert worden waren.

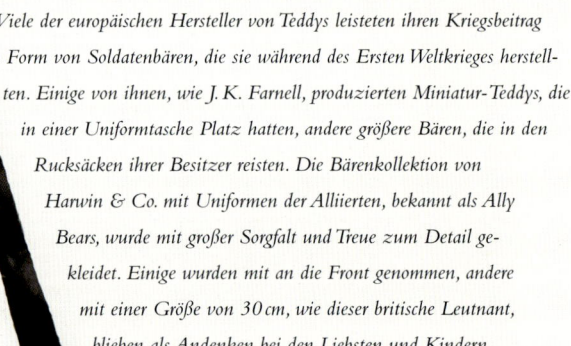

❶ *Viele der europäischen Hersteller von Teddys leisteten ihren Kriegsbeitrag in Form von Soldatenbären, die sie während des Ersten Weltkrieges herstellten. Einige von ihnen, wie J. K. Farnell, produzierten Miniatur-Teddys, die in einer Uniformtasche Platz hatten, andere größere Bären, die in den Rucksäcken ihrer Besitzer reisten. Die Bärenkollektion von Harwin & Co. mit Uniformen der Alliierten, bekannt als Ally Bears, wurde mit großer Sorgfalt und Treue zum Detail gekleidet. Einige wurden mit an die Front genommen, andere mit einer Größe von 30 cm, wie dieser britische Leutnant, blieben als Andenken bei den Liebsten und Kindern.*

❷ *Während des Zweiten Weltkrieges bekam jeder in Großbritannien eine Gasmaske zugeteilt, die er oder sie immer bei sich tragen musste. Kinder hatten oft vor einem solchen Ding Angst, da es sie an die Gefahren erinnerte, denen sie ausgesetzt waren. Um sie zu trösten, wurden besondere Behältnisse für sie gefertigt, darunter dieses Muster, das mit einem Farnell-Teddybären aus Mohair verziert ist, der Kleider aus Filz trägt. Dadurch vergaßen die Kinder ihre Masken seltener, da sie ihren Teddybären ungern der Gefahr aussetzen wollten.*

❷

③ Viele Kinder wurden während des Zweiten Weltkrieges auf das Land evakuiert. Obwohl sie nur sehr wenig Gepäck mitnehmen konnten, waren die Teddys immer mit von der Partie. Sie trösteten auch die Kinder, die während des Krieges in den Städten blieben, wie diese Gruppe von Kindern, die am Morgen des 15. September 1940 nach einem Luftangriff auf London vor ihren ausgebombten Häusern sitzen.

④ Soldatenbären waren während des Zweiten Weltkrieges wieder beliebt. Hier ist Sneezy abgebildet, ein Miniaturbär von Chad Valley, mit einem Foto seines ursprünglichen Besitzers, Ted Able. Sneezy wurde Ted von dessen Mutter als Glücks-bringer gegeben, als er 1941 zu einem Kriegsschauplatz in Übersee aufbrach. Der Zauber wirkte, Ted und Sneezy kamen nach dem Krieg sicher zurück. Sneezy blieb in Norfolk auf dem Nachttisch bis 1991, als Ted im Alter von 81 Jahren starb.

⑤ Die für die Herstellung von Teddybären benötigten Rohstoffe wie Mohairplüsch und Kapokfüllun-gen waren während des Krieges rationiert. Hersteller, die weiter produzierten, suchten nach billigen Alternativen, die im Überfluss zu haben waren, wie zum Beispiel Baumwollplüsch. Schafwolle war eine weitere Alternative, und weiße Schafwollteddys wurden für gewöhnlich mit schwarzen Ballen aus Leder versehen, wie dieses Exemplar von J. K. Farnell.

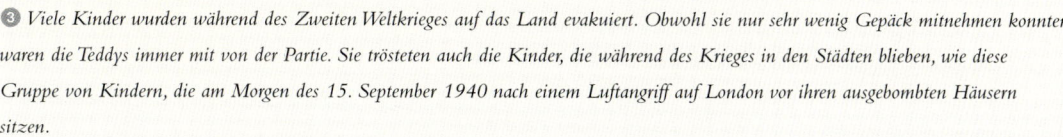

Kapitel 3

DER BÄR BRUMMT

(1920–1949)

In den Jahren nach dem Ersten Weltkrieg, als viele Menschen in Großbritannien zögerten, deutsche Erzeugnisse zu kaufen, und Deutschland damit zu kämpfen hatte, die lähmenden Reparationszahlungen zu leisten, erlebte die britische Teddybär-Industrie ihre Blütezeit. 1921 war J. K. Farnell seinem bescheidenen Acton-Haus, The Elms, entwachsen, so dass nebenan eine neue Fabrik gebaut wurde. Diese Erweiterung war als Alpha Works bekannt und wurde von Agnes Farnell geleitet. Die

Zahl der Mitarbeiter wurde erhöht, um die einströmenden Aufträge bearbeiten zu können. Zu den rekrutierten Mitarbeitern gehörte auch H. C. Janisch, der in den Zwanzigerjahren Verkaufsleiter bei Farnell war, bevor er Gründungsmitglied von Merrythought, einem konkurrierenden Unternehmen, wurde.

Mit Unterstützung der phantasievollen Designerin Sybil Kemp besaß J. K. Farnell weiterhin ein hervorragendes Sortiment hochwertiger Stofftiere. Zu diesen zählten die berühmten Alpha Bears, eine Serie, die auffällige Ähnlichkeiten zu Richard Steiffs klassischem Teddybären (Bärle) von 1905 aufwies. Als die Alpha Bears Anfang der Zwanzigerjahre zum ersten Mal auf den Markt kamen, waren sie aus goldenem oder silberweißem Mohairplüsch, hatten vertikal genähte, längliche Nasen, lange Arme, kräftige Schenkel, schmale Fesseln und breite, ovale Füße.

Der berühmteste Alpha Bear der Welt wurde 1921 gekauft, bei Harrod's, angeblich, von dem Schriftsteller A. A. Milne als Geschenk für seinen Sohn, Christopher Robin, zu dessen erstem Geburtstag. 1924 veröffentlichte Milne ein Buch mit Kindergedichten unter dem Titel *When we were very young*, das E. H. Shepard illustrierte, der für das Magazin *Punch* arbeitete. Unter den Gedichten dieser Sammlung befand sich auch das Gedicht »Teddy Bear«, das einen kleinen Bären mit einem Gewichtsproblem beschrieb. Dies war das erste, inoffizielle Erscheinen von Pooh. Er begann seine eigentliche Laufbahn in einer Kurzgeschichte, die für die Heiligabendausgabe der *Evening News* von 1925 geschrieben worden war. Dies ging so weiter, bis daraus schließlich das erste Kapitel von *Winnie the Pooh* (1926) entstand, eine Sammlung von Kurzgeschichten über Christopher Robin und sein Spielzeug. Das Buch war ein riesiger Erfolg. Ihm folgte 1928 *The House at Pooh Corner*. Der original Farnell-Teddy, den

Rechts: Farnell-Bären aus den 20er Jahren, zusammen mit der Ente Jemima Puddle aus der Beatrix Potter-Kollektion.

Christopher Robin immer als Edward Bear kannte, residiert nun in der New York Public Library, zusammen mit seinen Stofftierfreunden Pinglet, Eeyore, Tigger, Kanga and Roo.

Obwohl J. K. Farnell die Alpha Bears seit 1920 bewarb, ließ er das Alpha Markenzeichen erst 1925 registrieren. Sämtliche vor diesem Zeitpunkt hergestellte Bären wurden mit Papierplaketten versehen, auf denen die Worte »Alpha Make«aufgedruckt waren. Nach 1925 erzeugte Produkte trugen ein Etikett aus weißem Stoff, in das in Blau die Worte: »Farnell Alpha Toys Made in England« oder »A Farnell Alpha Toy Made in England« eingestickt waren.

Während der gesamten Zwanziger- und Dreißigerjahre erweiterte J. K. Farnell seine Produktreihe. Seit Februar 1920, als die Teddy Toy Co. sich ihr Softanlite Kapok-Füllmaterial patentieren ließ, verwendeten britische Hersteller die leichten seidigen Fasern, die auf den Saathülsen des Baumes *Bombax ceiba* in Indien und Malaysia wachsen sowie auf dem Baum *Ceiba pentandra* des tropischen Amerikas. Farnell war keine Ausnahme, und seit Mitte der Zwanzigerjahre waren die meisten seiner Bären zumindest teilweise mit Kapok ausgestopft, was sie leichter, sanfter und hygienischer machte. Eine weitere Neuerung, die in dieser Zeit entstand, war die Einführung von so genanntem dualen Mohairplüsch im Jahre 1926, bei dem die Spitzen des hellen Bärenpelzes mit einer dunklen Färbung gebürstet wurden (Steiff führte im selben Jahr seine Plüschbären mit dualem Mohair ein). Im März 1929 kam schließlich der Silkalite-Bär heraus. Sein Pelz war aus künstlichem Seidenplüsch, der aus einer auf Zellulose basierenden Faser gewebt wurde. Das Jahr 1929 war für J. K. Farnell von großer Tragweite, da seine Mitbegründerin Agnes Farnell, die von Anbeginn an den Entwürfen beteiligt gewesen war, am 25. Januar starb. Wie auch immer, später, im selben Jahr begab sich Farnell jedoch auf internationales Parkett, eröffnete Schauräume in New York und Paris und sorgte für die Distribution seiner Produkte in ganz Kanada und den USA.

Der Zeitpunkt war äußerst unglücklich, denn das Jahr 1929 erwies sich allgemein als eines mit weit reichenden Folgen: Der Oktober brachte den Crash an der Wall Street, dessen Widerhall die nun folgende weltweite Wirtschaftskrise auslöste. Verständlicherweise gab es unter diesen Umständen eine geringere Nachfrage nach Luxusspielzeug. Farnell stellte fest, dass seine Alpha Toys laufend von den europäischen Importen unterboten wurden. Als Reaktion darauf führte das Unternehmen 1931 die billigeren Unicorn Soft Toys ein, die zusammen mit

Oben: A. A. Milne mit seinem Sohn Christopher Robin und Edward Bär.

Oben: J.K. Farnell, Alpha Bear aus den 20er Jahren. Das Stoffetikett ist deutlich sichtbar auf der Sohle seines linken Fußes.

wurde, und zu der rosafarbene, weiße, blaue und goldene Teddybären zählten. Zu den neuartigen Typen, die aus dieser Zeit stammen, gehört der Coronation Bear (Krönungsbär) in Rot, Weiß und Blau, der für die Krönung Georges VI. 1937 (nach der Abdankung seines Bruders, Edwards VIII.) hergestellt wurde, und eine Reihe von Musikbären, in die von der Schweizer Firma Thorens hergestellte Spieluhrwerke eingebaut wurden.

Das Unglück schlug noch einmal 1940 zu, als die Farnell-Fabrik einmal mehr zerstört wurde, dieses Mal während der deutschen Luftangriffe auf London. Obwohl sich das Unternehmen von dem Krieg erholte, war es ein mühseliger Kampf, da es, wie so viele andere Stofftierhersteller, stark unter der Materialknappheit litt (Bären aus dieser Zeit haben für gewöhnlich verkürzte Schnauzen und stummelartige Glieder, um Plüsch einzusparen). Der noch verbliebene Mitbegründer der Firma, Henry Kirby Farnell, starb 1944. Als ob eine neue Ära eingeläutet werden sollte, wurde im folgenden Jahr ein neues Etikett eingeführt. Die Worte »Farnell Alpha Hygienic Soft Toy« waren in Rot, Weiß und Blau in eine Schildform über »Made in England« geschrieben.

Ein Unternehmen, dessen Bären oft mit denen der Farnells verwechselt werden, ist die Invicta Toys Ltd. Die Verwechslung überrascht kaum, da Invicta 1935 von G. E. Beer und T. W. Wright gegründet wurde, die vorher Manager und Handelsvertreter bei Farnell waren. Diese gegenseitige »Befruchtung« bei Designs und Herstellungsmethoden auf Grund von Personalbewegungen geschah quer durch die Stofftierbranche und bereicherte das Produkt enorm, wenngleich es heute das Identifizieren von nicht etikettierten Bären wesentlich erschwert.

Die Invicta-Fabrik mit Sitz in London stellte eine große Zahl verschiedener Bären auf Rädern und traditioneller Bären her, darunter solche mit Namen Teddy, Sammy und Grizzlie. Während des Zweiten Weltkrieges wurde die Stofftierproduktion ausgesetzt, da die Fabrik für die Herstellung militärischer Ausrüstungsgegenstände benötigt

den Qualitätsprodukten verkauft wurden. Zu diesen erschwinglicheren Spielzeugen zählte der Cuddle Bear (Knuddelbär), der in vier verschiedenen Größen und Farben zu haben war.

Die Unicorn-Reihe sollte jedoch von kurzer Lebensdauer sein, denn 1934 wurde die Acton-Fabrik und der gesamte Bestand bei einem Brand zerstört. Obwohl der beliebte Alpha Bear aus der Asche emporstieg, überlebten Cuddle Bear und seine günstigeren Freunde nicht. An ihre Stelle traten neue Kollektionen, unter ihnen der Lammwollplüsch-Che-Kee und die Alpaka-Kollektion. Letztere war eine Serie für Babys, für die ein Plüsch verwendet wurde, der aus der Wolle des Alpaka-Lamas hergestellt

Links: J.K. Farnell, zweifarbiger Plüsch-Alpha-Bear aus den 20er Jahren: Der lange, lockige goldene Mohair hat braun gefärbte Spitzen.

wurde, darunter auch Waffen. Das Unternehmen erholte sich jedoch grundlegend nach dem Krieg und gedieh bis 1954, als G. E. Beer in den Ruhestand ging und der Handel eingestellt wurde.

Seit 1915 waren Teddybär-Comics in britischen Tageszeitungen weit verbreitet, und entfachten so die allgemeine Begeisterung für die Plüschbären. 1920 wurde dem Herausgeber des *Daily Express*, R. D. Blumenfeld, von dem

Rechts: J. K. Farnell, Bär aus den 30er Jahren. Die Sohlen der Pfoten dieses Bären sind aus Rexine gefertigt, einem Lederimitat.

Inhaber der Zeitung, Lord Beaverbrook, aufgetragen, einen Comic zu finden, welcher die der Mitbewerber aus dem Feld schlagen würde. Blumenfeld beauftragte Mary Tourtel, eine bekannte Kinderbuchillustratorin und Ehefrau seines Chefredakteurs. Das Ergebnis war Rupert, ein weißer Bär mit karierten Hosen und einem Schal. Er erschien erstmalig im *Daily Express* am 8. November 1920 in einer Geschichte namens »Die Abenteuer eines kleinen, verlorenen Bären«. Tag um Tag entwickelte sich die Geschichte in Bilderform, begleitet von einer Reihe von Versen. Nach und nach wurden Ruperts Freunde in Nutwood Village eingeführt, unter ihnen Bill Badger, Algy Pug, Edward Trunk und Podgy Pig.

1935, dem Jahr des ersten Rupert-Jahrbuches, war Mary Tourtel auf Grund gesundheitlicher Probleme gezwungen, in den Ruhestand zu treten. Ein Ersatzkünstler wurde in der Person von Alfred Bestall gefunden, der die Serie bis 1965 weiterführte. Zu dieser Zeit waren die Nebenprodukte und Merchandising-Gelegenheiten lawinenartig angewachsen, und eine ganze Gruppe von Künstlern und Schreibern wurde angeheuert, um die Abenteuer von Rupert Bear fortzuführen, eine Situation, die bis heute andauert.

Obgleich Dean's Rag Book Co. schon 1915 Teddybären gefertigt hatte, machten Puppen weiterhin den Großteil der Produktion aus. 1922 ließ die Firma den Handelsnamen Al Toys für eine Kollektion von schlanken Bären aus Mohairplüsch eintragen. Die Bären waren mit Holzwolle gefüllt und entweder mit einer quiekenden oder einer brummenden Stimme versehen. Darüber hinaus verwendete man eine große Zahl verschiedener Labels und Anhänger während der gesamten Produktionszeit. Abgesehen von ihren traditionellen Serien produzierte Dean's in den Zwanzigerjahren neue Produkte, wie zum Beispiel Evripoze Bears, die dank der patentierte Gelenke ihre Arme und Beine in verschiedenen Positionen halten konnten, und auch Bären mit farbigem Fell und gefärbten Augen.

Die Teddybär-Produktion bei Dean's nahm in den Dreißigerjahren beträchtlich zu. Wie viele andere britische Hersteller begann die Firma, die Form des Bären während dieser Zeit geschickt zu verändern. Arme, Beine und Körper wurden so gekürzt, dass er eine untersetztere Form erhielt. Man begann auch, künstlichen Seidenplüsch zu bevorzugen, den Dean's für sämtliche Bären des 1935er Katalogs verwendete, weil er vergleichsweise billig war und sich leicht in die vielen damals modernen Farben einfärben ließ (obwohl farbige Bären generell abgelehnt wurden, als Steiff sie 1908 zum ersten Mal einführte, waren sie nun hochbegehrt). Traditioneller Mohairplüsch wurde jedoch nicht fallen gelassen und im nächsten Jahr wieder verwendet.

Im Jahre 1937 zog die Firma in eine neue Fabrik in Merton, im Südwesten Londons. Dort produzierte sie bis zum Ausbruch des Zweiten Weltkriegs weiterhin Stofftiere und stellte dann die Produktion auf militärischen Bedarf um, wie zum Beispiel Schwimmwesten und Hüllen für leichte Maschinengewehre. Wie viele Spielzeughersteller war für Dean die Zeit unmittelbar nach dem Krieg besonders schwierig – die Menschen hatten mehr mit dem Wiederaufbau ihrer Häuser und ihrem Lebensunterhalt zu tun als mit dem Kauf von Teddybären – und erst 1949 gab das Unternehmen wieder einen Katalog heraus.

Die Firma ließ sich oft vom Zeitgeschehen inspirieren. In diesem Jahr stellte sie einen weiblichen Eisbären her, Ivy, und ein Junges, um die Geburt von Brumas zu feiern, dem ersten Eisbären, der im Londoner Zoo geboren worden war. Auch A. A. Milne zollte in seiner Einführung zu *Winnie the Pooh* Poohs arktischem Nachbarn Respekt:

»Die nettesten Leute gehen direkt zu dem Tier, das sie am meisten lieben, und bleiben dort. Wenn Christopher Robin in den Zoo geht, geht er zu den Eisbären, er flüstert mit dem dritten Aufseher von links, die Türen werden

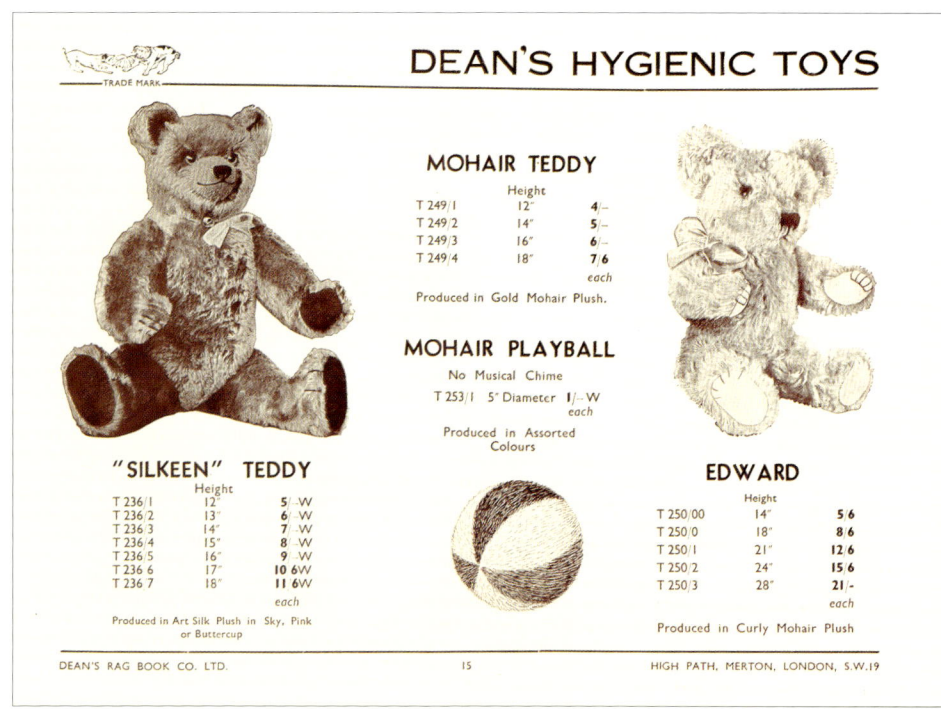

entriegelt, und wir marschieren durch dunkle Gänge und steile Treppen hinauf, bis wir schließlich zu dem besonderen Käfig gelangen, der Käfig wird geöffnet und heraus kommt etwas Braunes und Pelziges [Winnie], und mit einem Freudenschrei ›Oh, Bär!‹ fällt ihm Christopher Robin in seine Arme.«

Einer der erfolgreichsten Hersteller von Teddybären der Zwischenkriegszeit war die Chad Valley Co. Ltd., der es über eine umsichtige Vergrößerung ihres Geschäfts gelang, eine Serie von Bären für jeden Geschmack und Geldbeutel zu kreieren. 1923 begann sie, Kapok-Füllungen für ihre Stofftiere zu verwenden, die sie unter der Marke Aerolite vertrieb. Zwischen 1923 und 1926 wurden Spielwaren, welche das neue Füllmaterial enthielten, mit einem Knopf und der Aufschrift »Aerolite« präsentiert. Tatsächlich waren sämtliche Chad Valley-Bären, die in den Zwanziger- und Dreißigerjahren hergestellt wurden, mit einem Hersteller-knopf oder einem bedrucktem Label oder beidem versehen.

Oben: Zu den Bären, die in diesem Katalog der Firma Dean aus der 30er Jahren beworben werden, zählt eine Bärenkollektion aus Silkeen, einem künstlichen Seidenplüsch.

Die Knöpfe wurden im rechten Ohr einiger Teddybären befestigt, doch Steiff muss Einspruch erhoben haben, da bei später hergestellten Bären die Knöpfe an der Brust, am Kinn oder am Rücken angebracht sind.

1923 kaufte Chad Valley Isaacs & Co., einen Hersteller aus Birmingham, der auf die Herstellung von Stofftieren mit in den Beinen versteckten Sprungfedern spezialisiert war (wenn man die Stofftiere streichelte, sprangen sie sanft auf und ab). Fünf Jahre später wurde die Harborne-Fabrik erweitert, um den Produktionsanstieg bewältigen zu können. Die Firma wurde 1931 nochmals vergrößert, als sie Peacock & Co. Ltd. übernahm, ein seit 1853 etabliertes Londoner Unternehmen, das hölzerne Kindergartenspielzeuge und Spiele, wie zum Beispiel Landkarten, Puzzles, Bauklötze und Alphabetklötze herstellte. Chad Valley verlegte die Herstellung dieser Spielzeuge in eine neue Fabrik im Londoner Clerkenwel und produzierte stattdessen in der Anlage in Harborne Teddybären unter der Peacock-Marke. Das Aussehen der Peacock-Bären war der Chad Valley Magna-Serie sehr ähnlich. Beide besaßen vor allem schmale, dreieckige, gestickte Nasen. Die Peacock-Bärenserie wurde nach dem Zweiten Weltkrieg nicht weitergeführt.

Gegenüber: Eine Gruppe von Teddybären von Chad Valley aus den 20er und 50er Jahren.

Während der Zwanziger- und Dreißigerjahre veränderten die Chad-Valley-Teddys, wie die meisten britischen Bären, ihre Form und wurden knuddeliger. Die Arme und Beine wurden verkürzt, die Füße kleiner und der Buckel am oberen Rücken stand weit weniger vor. Chad Valley-Nasen waren besonders charakteristisch. In den Zwanzigerjahren waren sie für gewöhnlich dreieckig und bestanden aus senkrechten Stichen, die von einer Reihe waagerechter Stiche am oberen Rand abgeschlossen wurden. Die Magna Series der Dreißigerjahre besaß rechteckige Nasen, andere Serien hatten jedoch ovale, die grob gebunden und senkrecht gestickt waren. Die Ohren waren ebenfalls breiter und flacher als jene anderer Bärenfabrikate.

Sich in den Dreißigerjahren einen Chad Valley-Bären auszusuchen, war keine einfache Angelegenheit: Die Kunden konnten zwischen 14 verschiedenen Größen wählen und entweder eine Kapok-Füllung oder eine Füllung aus Holzwolle, oder beides, aussuchen; Qualität und Beschaffenheit des Mohairplüschs ließ sich variieren oder der Bär aus künstlichem Seidenplüsch herstellen; und abgesehen von den traditionellen Braun- und Goldtönen gab es eine Reihe von anderen Farben (blau war eine besonders beliebte Farbe, ein Wandel gegenüber 1908, als Steiffs blauer Elliot grausam verschmäht wurde). Eine der beliebtesten Serien war Cubby Bear, der mit einem Fell aus Alpakaplüsch in zwei komplementären Brauntönen gesegnet war. Mit seiner hohen Stirn, den kurzen Armen und dem langen Körper war er ein weicher und sanfter Teddy, der sich bis in die Fünfzigerjahre großer Beliebtheit erfreute.

1938 wurde Chad Valley zum offiziellen Hoflieferanten Königin Elizabeths ernannt, der Gemahlin Georges VI. Diese königliche Berechtigung ist nützlich, wenn man versucht, Chad Valley-Bären zu datieren: Von 1938 bis 1953 trugen sie ein Etikett mit der Aufschrift »By Appointment Toymakers to Her Majesty the Queen«; nach der Krönung Elizabeths II stand auf den Etiketten: »By Appointment Toymakers to H. M. Queen Elizabeth The Queen Mother«.

Anders als viele Konkurrenten stellte Chad Valley die Stofftierproduktion während des Zweiten Weltkrieges nicht vollständig ein, obgleich die Wrekin Toy Works in Wellington, Shropshire, auf die Herstellung von Kinderbekleidung umgestellt wurde. Rigorose Einschnitte mussten bei den Bären gemacht werden. Bären aus dieser Zeit sind für gewöhnlich dünner und haben kürzere Glieder als ihre Vorgänger, da Füllmaterial sehr gesucht war. Mohairplüsch war ebenfalls knapp, so dass das Unternehmen mit anderen Materialien experimentierte; weiße Bären mit Schafwollpelz und schwarzen Lederflecken waren eine besonders elegante Innovation.

**Oben: Chad Valley Co. Ltd., um 1930.
Ein besonders ungewöhnlicher Bär
für ein Unternehmen, das für seine
farbigen Bären bekannt ist.**

Chad Valley blühte nach dem Krieg weiter auf, und im Laufe der nächsten zwanzig Jahre kaufte die Firma weitere sechs Unternehmen. Die erste dieser Firmen war 1946 A. S. Cartwright aus Birmingham, die Aluminiumartikel herstellte. Ihr folgte Waterloo Works aus Wellington, ein Hersteller von Gummiwaren.

1930 war die erste Generation von Teddybärbesitzern erwachsen und fing an, sehnsüchtig an ihre alten Freunde zu denken. Dieses Gefühl wurde von Dodie Smith, einer britischen Autorin und Dramatikerin, die durch ihre *101 Dalmatiner* bekannt wurde, in ihrem Stück *Dear Octopus* eingefangen, das sein Debüt in den Dreißigerjahren in

Londons West End hatte. In dem folgenden Auszug aus dem Stück kehrt Cynthia, die reuige Tochter, in ihr Elternhaus zurück, und findet in ihrem Kinderzimmer ein Kind namens Scrap. Auch ein Teddybär ist dort.

Cynthia Ist das ein Teddybär? Das ist ja Symp!
Scrap Symp?
Cynthia Wir nennen ihn so, weil er so besonders mitfühlend war. Wir haben ihn immer umarmt, wenn wir besonders traurig waren, wenn wir in Ungnade gefallen waren, Hasen gestorben sind oder uns niemand verstanden hat.
Scrap Hat Mami ihn umarmt?
Cynthia Wir alle haben das getan. Das ging so weiter, bis wir schon recht groß waren. Hallo Symp, mein alter Junge, wie hast du deinen Arm verloren?
Scrap Ist er immer noch mitfühlend?
Cynthia Für mich sieht er so aus. Sein Fell wurde durch die Tränen oft pitschnass. Oh, Symp, wie tröstlich du bist! Er muss schon über 30 Jahre alt sein.

Während dieser Ära der Nostalgie nahm einer der renommiertesten britischen Stofftierhersteller den Kampf auf, erstaunlich spät. Seit seiner Gründung im Jahre 1930 stellte Merrythought Stofftiere her, die etwas Magisches hatten. Die Geschichte von Merrythought beginnt eigentlich schon ungefähr elf Jahre früher, als W. G. Holmes und G. H. Laxton im Jahre 1919 eine kleine Spinnerei in Yorkshire eröffneten, um Mohairgarn aus importierten Rohmaterialien herzustellen. Die Einführung billiger synthetischer Fasern wie zum Beispiel Kunstseide Ende der Zwanzigerjahre des 19. Jahrhunderts stellte eine Konkurrenz für die Erzeuger von Mohair dar, und viele Lieferanten wurden folglich in Mitleidenschaft gezogen. Ein Unternehmen, das einen beträchtlichen Geschäftsverlust zu verzeichnen hatte, war der Mohairplüschweber Tyson Hall & Co. Ltd., mit Sitz in Bakersfield, Yorkshire, der ein Abnehmer von Holmes und Laxton war. Angesichts des Verlustes eines bedeutenden Kunden kauften Holmes und Laxton Tyson Hall & Co. Ltd. Sie mussten nun einen Weg finden, um den Mohairplüsch sinnvoll einzusetzen.

Sie entschlossen sich, Stofftiere herzustellen, und gründeten 1930 Merrythought Ltd. Der Grund für einen solch ungewöhnlichen Namen ist nicht bekannt. »Merrythought« ist ein altes englisches Wort für einen Wünschelknochen (das Markenzeichen der Firma), und vielleicht glaubten sie, dass solch ein fröhlich klingendes Wort zusammen mit einem Symbol für Glück eine schier unwiderstehliche Kombination ergebe. Als Nächstes mussten sie die wichtigen Posten besetzen, und zu ihrem Glück waren zwei der erfahrensten Männer in diesem Geschäft gerade bereit, ihren Job zu wechseln. C. J. Rendle, Leiter der Spielzeugherstellung in Chad Valley, und A. C. Janisch, Verkaufsleiter bei J. K. Farnell, traten beide dem Unternehmen als Direktoren bei. Ein Grundstück wurde von der Coalbrookdale Co. im heutigen Ironbridge, Shropshire, gemietet, und so begann die Herstellung der Merrythought-Spielwaren.

Wie so oft, wenn Führungskräfte von einem Unternehmen zu einem anderen wechseln, folgten Angestellte sowohl von Chad Valley als auch J. K. Farnell Rendle und Janisch zu Merrythought. Die vielleicht wichtigste Mitarbeiterin war Florence Atwood, eine eindrucksvolle Persönlichkeit mit außergewöhnlichem Talent und Kreativität. Sie war taubstumm zur Welt gekommen und studierte Design an der Taubstummenschule in Manchester. Hier wurde sie Rendle vorgestellt, dessen Tochter dieselbe Schule besuchte.

Florence kam 1930 zu Merrythought und wurde allein verantwortlich für den Entwurf und die gesamte Kollektion von zweiunddreißig Stofftieren, die in dem ersten Katalog von 1931 vorgestellt wurden. Sie entwarf nicht nur die ersten Produktserien, wie zum Beispiel den viel geliebten Greyfriars Bobby (basierend auf dem berühmten Skye-

terrier, der von 1858 bis zu seinem eigenen Tod 1872 über dem Grab seines Herrchens wachte), sondern verwandelte auch Gestalten aus der populären Unterhaltungsliteratur in extrem beliebte Stofftiere, unter ihnen MGMs Tom und Jerry, G. E. Studdys Bonzo und Cloe Prestons Dinkie the Dog. In seinem ersten Katalog von 1931 stellt Merrythought stolz seine ersten beiden Teddys vor: Magnet Bear und Merrythought Bear.

Die ersten Merrythought-Bären waren aus goldenem Mohairplüsch. Wie viele andere britische Bären, die in den

Links: Merrythought Ltd., Anfang der 30er Jahre. Der Knopf im Ohr des Bären zeigt, dass er aus den ersten Jahren der Herstellung stammt.

Links: Chiltern Toys, Hugmee, 20er Jahre, mit den charakteristischen hochgezogenen Stichen links und rechts der Schnauze.

Oben: Merrythought Ltd., Holland Teddy um 1938.
Die Cordhose dieses Bären erinnert an die von
Holländern getragenen Hosen.

Rechts: Merrythought Ltd., Clown Bär, um 1930.
Ein Teddy im Harlekin-Stil aus dreifarbigem
Mohairplüsch.

Dreißigerjahren hergestellt wurden, besaßen sie kurze, stämmige Beine und runde Arme, die in löffelförmigen Pfoten endeten. Magnet Bear mit seinem flauschigen Fell, seiner hohen Stirn und seinem rundlichen, mit Kapok ausgestopftem Körper hatte ein ansprechend kindliches Aussehen. Die Merrythought-Serie, die später als M-Serie bekannt wurde, besaß ein eher traditionelles Aussehen. Wie die Chad Valley-Bären derselben Zeit hatten sie breite, flache Ohren und eine rasierte Schnauze. Ihre gewebten Pfoten dagegen waren original J. K. Farnell. Die Merrythought-Nase – bestehend aus senkrechten Stichen mit einer Fallmasche am Ende, was den Effekt von Lachfalten hatte – war jedoch ein Original und saß über einem Y-förmigem Mund. Genau wie Chad Valley, und natürlich auch Steiff, kennzeichnete Merrythought seine ersten

Gegenüber: Chiltern Toys, Hugmee, um 1940, mit einer verkürzten Schnauze als Reaktion auf die Materialknappheit während des Zweiten Weltkrieges.

Bären, indem es einen mit Zelluloid überzogenen Knopf aus Zinn an einem der Ohren anbrachte. Der Knopf war mit den Worten »Hygienic Merrythought Toys« und dem Markenzeichen des Wünschelknochens bedruckt. Diese wurden jedoch bald durch gewebte Stoffetiketten mit der Aufschrift »Merrythought Hygienic Toys Made in England« ersetzt, die am rechten Fuß angebracht waren. Die Werbung mit dem Stichwort Hygiene sollte während der folgenden Jahrzehnte fortgesetzt werden und fand ihren Höhepunkt in den waschbaren Bären Wendy Bostens in den Fünfzigerjahren.

Der vielleicht erfolgreichste von Merrythought produzierte Bär, war Bingie, ein sitzendes Bärenjunges. Mit seinen großen Schlappohren, die mit künstlichem Seidenplüsch überzogen waren, dem großen Kopf mit einer langen Augenbraue, dem weichen, mit struppigem Mohairplüsch überzogenen Körper und den kurzen Armen und Beinen, die in übergroßen Füßen endeten, besaß er die gewinnenden Gesichtszüge eines Jungtiers und wurde augenblicklich von allen Kunden ins Herz geschossen. Die von 1931 bis 1938 laufende Serie wurde erweitert, so dass Merrythought

sie schließlich in sieben verschiedenen Größen, einschließlich zweier winziger Bären (bekannt als Baby Bingies), herstellte, welche für die jüngsten Kunden gedacht waren. 1933 führte das Unternehmen eine Reihe von ausgewachsenen Bingies ein, die das Filzoutfit eines Jungen, eines Mädchens, eines Matrosen, eines Wachposten und anderer Figuren besaßen. Die Bären hatten Mohairplüsch auf dem Kopf und der Rückseite ihrer Pfoten, unter der Kleidung waren ihre Körper jedoch aus gerauter Baumwolle gefertigt.

Der erste Merrythought-Katalog wurde sowohl von der Branche als auch von der Öffentlichkeit gut angenommen, und schon bald musste das Unternehmen expandieren, um die Nachfrage nach ihren Produkten decken zu können. Florence Atwood wurde zur Chefdesignerin ernannt (eine Position, die sie bis zu ihrem Tod 1949 innehatte), und 1932 veranschaulichte ihr zweiter Katalog – prallvoll mit Tieren aller Art: wild oder zahm, auf Rädern und bekleidet – ihr außergewöhnliches Talent. Ihre Entwürfe, die bis heute produziert werden, sorgten dafür, dass Merrythought schnell zu einem der führenden Stofftierhersteller der Welt wurde.

1939 wurde die Fabrik in Coalbrookdale von der britischen Admiralität übernommen, die dort während des gesamten Zweiten Weltkrieges unentbehrliche Karten produzierte. Merrythought zog in das nahe gelegene Wellington, wo es die Produktion von Stofftieren auf Ausrüstungsgegenstände aus Stoff für die Regierung umstellte, so zum Beispiel Gasmaskentaschen, Helmfutter und militärische Rangabzeichen.

Im März 1946 konnte Merrythought die Produktion in Coalbrookdale wieder aufnehmen. Das Unglück schlug jedoch im Verlauf desselben Jahres zu, als der nahe gelegene Fluss Severn über die Ufer trat und einen großen Teil des Firmenarchivs und der Materialien zerstörte. Die Angelegenheit hätte schlimm ausgehen können, wäre da nicht B. Trayton Holmes gewesen, der Sohn eines der Mitbegründer, der 1949 zu Merrythought kam und – indem er in neue Produktionsanlagen investierte, ein Entwurfsstudio und einen Schauraum errichtete und das ursprüngliche Fabrikgebäude reorganisierte – das Unternehmen wieder auf die Beine brachte.

Obgleich es zehn Jahre eher gegründet worden war, im Jahre 1920, ähnelte H. G. Stone der Firma Merrythought insofern, als Stone auch enge personelle Verbindungen zu J. K. Farnell hatte. Harry Stone war ein ehemaliger Angestellter, der sich mit Leon Rees zusammentat. Rees hatte im Jahr zuvor die Chiltern-Fabrik in Chesham von seinem Schwiegervater, Josef Eisenmann, geerbt und plante, ein neues Stofftierunternehmen zu gründen. 1921 eröffneten sie eine weitere Fabrik in Tottenham im Norden Londons. Stone war für die Entwürfe und die Herstellung verantwortlich, während Rees sich um das Marketing kümmerte. Einer der ersten Teddys, den sie gemeinsam herstellten, war Baby Bruin, ein Bärenjunges, das mit seinem flauschigen Pelz und seinen ausgestreckten Armen nur so darum bettelte, geliebt zu werden. Die erste Serie, die unter dem Label Chiltern Toys verkauft wurde, kam 1923 auf den Markt (wenngleich der Name erst im folgenden Jahr offiziell eingetragen wurde) und beinhaltete auch die enorm erfolgreichen Hugmee- (»Kunddel mich«-) Bären. Diese Teddys mit ihren eher quadratischen aber breit lächelnden Gesichtern besaßen lange, rasierte Schnauzen. Wie auch bei den Merrythought-Bären war das Besticken der Nase das Charakteristikum: Die äußeren Stiche auf jeder Seite einer dreieckigen Chiltern-Schnauze erstreckten sich nach oben in Richtung der Augen. Der Kopf war mit Holzwolle ausgestopft, während der Rumpf, die Arme und die Beine mit Kapok gefüllt waren. Der Bär war wie üblich mit einem Stimmmechanismus ausgestattet, der durch Holzwolle geschützt war. Wie die Mehrzahl der britischen Bären dieser Zeit hatten Hugmees stämmige Oberschenkel und schmale Fesseln, wenngleich ihre Füße auch ungewöhnlich groß waren. Ihre Arme waren lang und gebogen und endeten in löffelförmigen Pfoten.

Ende der Zwanzigerjahre des 19. Jahrhunderts war H. G. Stone & Co. einer der führenden Hersteller hochwertiger Teddybären und Stofftiere in Großbritannien. Das Unternehmen war immer sehr darauf bedacht gewesen, nur den feinsten Mohairplüsch für seine Tiere zu verwenden, aber das hielt es nicht davon ab, 1929 einen der ersten Kunstseiden-Plüschbären auf den Markt zu bringen. Bekannt

unter dem Namen »silky Teddy« (*silk* bedeutet Seide), erwies er sich als bemerkenswert beliebt bei einem Publikum, das nach neuen Materialien hungerte.

H. G. Stone & Co. hatte mehr Glück als die meisten Stofftierproduzenten und konnte die Arbeit während des gesamten Zweiten Weltkrieges in seiner Londoner Fabrik fortführen. Nur in der Fabrik in Chesham wurde die Produktion gestoppt. Zu den Stofftieren dieser Periode zählte eine Reihe von patriotischen Bären, einschließlich

Pedigree Soft Toys Ltd., späte 50er Jahre. Für diesen Bären wurden zweitklassige Materialien verwendet, und dennoch scheint er heiß geliebt worden zu sein.

eines mit der Uniform eines Feldwebels der Bürgerwehr. Hugmees wurden auch hergestellt, allerdings war das Design leicht verändert, was eine Folge der Materialknappheit war (die Hugmees der Vierzigerjahre sind an ihren kürzeren Schnauzen zu erkennen). In Erwartung eines Booms am Markt zog die Firma nach dem Krieg nach Pontypool in Wales und eröffnete 1946 eine Schule, um die örtlichen Arbeiter in der Herstellung von Stofftieren zu unterweisen, bevor die gesamte Produktion im folgenden Jahr dorthin verlagert wurde.

Ein größerer Konkurrent von Merrythought und H. G. Stone & Co. – in der Tat einer der weltgrößten und erfolgreichsten Spielzeughersteller Mitte des 20. Jahrhunderts – war Lines Bros. Ltd. Dieses Familienunternehmen wurde in den 1870ern von zwei Brüdern, George und Joseph Lines, G. & J. Lines Ltd. gegründet, ein Londoner Unternehmen, das sich vornehmlich auf die Herstellung von Holzspielzeug, wie zum Beispiel Schaukelpferde, konzentrierte. Als Joseph in den Ruhestand ging, führte George das Geschäft mit Hilfe seiner Söhne fort. Die Produktion wurde unterbrochen, als 1914 die Kriegserklärung erfolgte und Georges Söhne in die Schützengräben mussten. Als sie vom Militärdienst zurückkehrten, beschlossen drei seiner Söhne – William, Arthur und Walter – ihr eigenes Unternehmen zu gründen, Lines Bros. Ltd., während der älteste Sohn bei seinem Vater blieb. Der symbolische Markenname der neuen Firma, Triang Toys, wurde durch ein Dreieck dargestellt, wobei jede Seite einen der drei unzertrennlichen Brüder darstellte. 1924 zog die Firma in eine Fabrik in Merton, im Südwesten Londons. Dort stellten die Brüder dieselben Produkte wie ihr Vater her. 1931 ließ die Lines Bros. Ltd. eine Kollektion von Kinderwagen eintragen, die sie unter dem Warenzeichen Pedigree herstellte. Sechs Jahre später brachte sie ihren ersten Katalog von Pedigree Soft Toys auf den Markt, in dem auch Teddybären ein wichtiger Bestandteil waren, und schon bald stellte das Unternehmen Waren in Fabriken in der ganzen Welt her, auch in Australien, Neuseeland, Kanada und Südafrika.

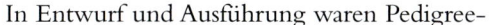

In Entwurf und Ausführung waren Pedigree-Teddybären den Produkten der Konkurrenz teilweise unterlegen, doch sie hatten konkurrenzfähige Preise – was während der Dreißiger- und Vierzigerjahre sehr wichtig war, als der Wirtschaftskrise ein Krieg folgte – und fanden so Gnade bei den Großhandelseinkäufern. Es waren typischerweise fröhlich und freimütig dreinblickende Bären mit sehr runden Köpfen, kurzen Schnauzen, geraden Armen und Beinen sowie kleinen, runden, mit Samt überzogenen Ballen. Damals waren diese Stofftiere bemerkenswert erfolgreich, und tatsächlich eröffnete Pedigree 1946 eine zweite Fabrik in Belfast, Nordirland. Die Bären wurden jedoch nicht zu geschätzten Sammlerobjekten, was wahrscheinlich eine Folge ihrer minderwertigen Qualität und ihrer leichten Verfügbarkeit ist.

Eine der bemerkenswerten Erscheinungen der Teddybärbranche während der ersten Hälfte des 20. Jahrhunderts war die große Zahl einflussreicher weiblicher Designer, Manager und Firmeninhaber – und das zu einer Zeit, als Frauen sich in Großbritannien gerade das Wahlrecht für Frauen über dreißig erstritten hatten (1918; die unter Dreißigjährigen mussten bis 1928 warten). Obwohl die genaue Arbeitsweise und Geschicklichkeit von Frauen in der Bekleidungs- und Textilindustrie von jeher geschätzt wurden, hatten es nur wenige in das gehobene Management geschafft. Da Männer jedoch einige Jahre nach dem Ersten Weltkrieg rar waren – so viele von ihnen waren

auf den Schlachtfeldern getötet oder zum Krüppel gemacht worden –, bedeutete dies, im Zusammenhang mit der Tatsache, dass zum einen die Herstellung von Teddybären eine relativ junge Industrie war und Traditionen fehlten, zum anderen aber weibliche Arbeitskräfte Chancen bekamen, die sie selten zuvor hatten.

Eine dieser Frauen war Norah Wellings, die, wie Florence Atwood von Merrythought, ihre Karriere als

Oben und oben links: Victoria Toy Works, 30er Jahre. Dieser Bär von Norah Wellings Productions ist mit Stoff bezogen; auf der Tatze ist das Markenzeichen zu erkennen.

Designerin für Stofftiere in Chad Valley begann (die Frauen hatten in Chad Valley sogar zusammen gearbeitet). Sie blieb in dieser Position von 1919 bis 1926, als sie das Unternehmen verließ, um ihre eigene Fabrik aufzubauen, die Victoria Toy Works, ebenfalls in Wellington, Shropshire.

Mit Unterstützung ihres Bruders Leonard, dessen unternehmerische Fähigkeiten von essenzieller Bedeutung für das Projekt waren, konzentrierte sich Norah in der Hauptsache auf das Design und die Herstellung von Stoffpuppen, obwohl sie auch einige Teddybären in ihre Kollektion aufnahm. Ihre Zeitgenossen kommentierten oft, Miss Wellings Kreationen seien ihr ganzer Lebensinhalt, und dass sie all ihre Leidenschaft und Begeisterung in ihre Arbeit fließen lasse. Vielleicht war es diese besondere Hingabe, die es ihr ermöglichte, Puppen und Bären herzustellen, die mehr Persönlichkeit zu haben schienen als viele vergleichbare Spielwaren, die von größeren Firmen dieser Zeit angeboten wurden.

Norah Wellingtons Bären sind recht charakteristisch und ein wenig unkonventionell, viele von ihnen gleichen eher ihren Puppen als traditionellen Teddybären – sie sind oft ohne Gelenke, bekleidet und haben Körper aus Stoff. Glücklicherweise für heutige Sammler war sie sehr genau, wenn es darum ging, ihre Produkte mit einem bestickten Etikett mit der Aufschrift »Made in England by Norah Wellings« zu versehen. Oft wurde zusätzlich noch eine Schwingplakette angebracht (obwohl diese nicht oft überlebte). Ihr Bruder war so stark in das Tagesgeschäft des Unternehmens involviert, so dass sie sich nach seinem Tod im Jahre 1959 verständlicherweise entschloss, das Geschäft zu schließen und im folgenden Jahr in den Ruhestand zu gehen.

E. M. Daniels war weit weniger erfahren, als sie ihr Geschäft begann. Sie hatte sechs Monate

Links: Ealontoys, um 1930–1940, mit der charakteristischen quadratischen Schnauze und dem schweren Mund.

lang für verschiedene Spielwarenhersteller gearbeitet, bevor sie ihre eigene Firma, Jungle Toys, 1914 in Ostlondon eröffnete. Was bescheiden begann – zu Beginn wurde Miss Daniels von nur zwei Mitarbeitern unterstützt –, war 1919 bereits ein Unternehmen mit 15 Angestellten, das weltweit exportierte. Ihre bezaubernden Designs spielten mit dem süßen Aussehen des Tieres, was deutlich an Bingo Bear zu erkennen ist, einem Koala, der 1928 auf den Markt kam (Koalas wähnte man zu jener Zeit noch immer der Familie der Bären zugehörig). Indem sie ihr Geschäft stets in einer überschaubaren Größe hielt, konnte sie bis in die Fünfzigerjahre weitermachen.

Die Zusammenarbeit zweier Frauen bildeten auch den Hintergrund für die Gründung einer Firma namens Pixie Toys. Ihre Namen sind nicht überliefert, aber es ist bekannt, dass sie die Ehefrauen zweier Glashersteller waren, deren Geschäft in Schwierigkeiten steckte. Die Frauen gründeten in den Dreißigerjahren des 20. Jahrhunderts eine bescheidene Spielzeugfabrik, für die ihnen in der Glaserei Räume zur Verfügung gestellt wurden, und schon bald blühte das Geschäft. Elizabeth Simmonds, die eine Angestellte sowohl Norah Wellings als auch Merrythoughts gewesen war, kam bald als Designerin zu dem Unternehmen und leistete damit einen wichtigen Beitrag zur weiteren Entwicklung der Pixie-Bären: sie haben viele Gemeinsamkeiten mit Merrythought- und Farnell-Teddybären, so auch die gewebten Krallen.

Mrs. Simmonds großes Engagement und ihre Begeisterung für Pixie Toys veranlassten sie, die Firma zusammen mit einem Geschäftspartner Ende der Dreißigerjahre von ihren Gründern zu kaufen. Während des Zweiten Weltkrieges jedoch brach die Nachfrage nach Spielzeug ein, so dass sie genötigt waren, 1955 ein Übernahmeangebot zu akzeptieren. Die neuen Besitzer überdauerten jedoch nur sieben Jahre, und 1962 schloss die Firma.

Das Unternehmen mit dem wahrscheinlich erlauchtesten feministischen Stammbaum war die East London Federation Toy Factory, gegründet 1914 in Bow von der Suffragette Sylvia Pankhurst, der Tochter der berühmteren Emmeline. Zu ihren ersten Produkten zählten eine breite Palette von Stoffpuppen, deren Entwürfe oft bei Künstlern des Chelsea-Polytechnikums in Auftrag gegeben wurden, und Puppen mit Köpfen und Gliedern aus Wachs und Porzellan.

1921 wurde der Zusatz »Federation« aus dem Firmennamen weggelassen, und 1926 ließ sie sich Ealontoys als Markenzeichen eintragen (was 1948 der Firmenname werden sollte). Die Produktion bestand bis 1924 in der Hauptsache aus Puppen, bis Teddybären in den Katalogen

Links: Jungle Toys, Bingo Bear, ca. 1928. Dieser Koala wurde wahrscheinlich für die australischen Kunden der Firma entworfen.

auftauchten. Die Bären, die aus hochwertigem Material hergestellt wurden, waren sehr erfolgreich, und 1950 bezeichnete sich Ealontoys in einem Werbeprospekt als »The Teddy Bear People«. Die Bären haben etwas Liebenswertes, was vielleicht an ihren schweren, quadratischen Schnauzen und ihren v-förmigen Mäulern liegt und ihnen ein eher feierlich-ernstes Aussehen verleiht – ein Ealontoys-Teddybär würde nie lachen, wenn man ihm von seinen Problemen erzählte. Leider geriet die Firma, wie so viele andere kleine ihrer Art, nach dem Zweiten Weltkrieg in

finanzielle Schwierigkeiten und musste Anfang der Fünfzigerjahre die Produktion einstellen.

Frauen schrieben auch über Bären. Im Jahr 1930 begann Gwynedd Rae, 14 Bücher über einen kleinen Bären namens Mary Plain zu verfassen, darunter *Mostly Mary* und *All Mary*. Wenn man die Bücher mit ähnlichen Veröffentlichungen der Zeit vergleicht, stellt man fest, dass sie erfrischend frei sind von Botschaften, die Kindern beibringen sollen, wie man sich zu verhalten hat. Mary Plain ist gierig und eher eingebildet, begeisterungsfähig und neigt dazu, Ärger zu bekommen. Aber die Zuneigung zwischen dem Bären und dem Eulenmann sowie zwischen Gwynedd Rae und ihren Charakteren beherrscht jedes Buch.

Deutschland kämpft, um wieder an die Spitze zu kommen

Die Niederlage im Ersten Weltkrieg bedeutete für Deutschland einen Neuaufbau seiner Wirtschaft aus einer ungünstigen Position. Im Vertrag von Versailles, am 28. Juni 1919 unterzeichnet, wurde vereinbart, dass an Frankreich, Polen, Belgien und die Tschechoslowakei Gebiete abgetreten werden mussten. Darüber hinaus wurden sämtliche deutsche Kolonien an die Alliierten übergeben, um vom neu gegründeten Völkerbund verwaltet zu werden. Damit hatten sich die Märkte plötzlich wesentlich verkleinert. Ein weiterer Schlag war das Bestehen auf extrem hohen Reparationszahlungen (wenngleich diese später stark verringert und die Zahlungen 1931 während der Weltwirtschaftskrise gänzlich eingestellt wurden). Vor diesem Hintergrund musste die deutsche Teddybär-Industrie versuchen, Boden wieder zu gewinnen, den sie während der Kriegsjahre an britische Hersteller verloren hatte.

Nach dem Krieg war Mohair weiterhin sehr knapp in Deutschland, und selbst wenn er verfügbar, war er enorm

Links: Steiff, 1926. Bären wie dieser aus zweifarbigem Mohairplüsch waren sehr beliebt und sind noch heute hoch gefragt.

teuer. Es mussten folglich alternative Materialien gefunden werden, wenn die Teddybär-Herstellung wieder aufgenommen werden sollte. Die Margarete Steiff GmbH löste das Problem, indem sie Zelluloseplüsch aus Nesselfaser verwendete. Der Bär mit diesem Pelz, der als Brennnessel-Bär bekannt ist, war nicht sonderlich kuschelig, da die Fasern grob und dem Tweed ähnlich waren. Zwischen 1919 und 1921 wurden rund 19556 Bären gefertigt, und diese sind von Sammlern hoch geschätzt. Ein weiteres Mohair sparendes Verfahren war, die Bären zu kleiden, so dass Mohair nur für den Kopf und die Pfoten benötigt wurde. Andere Bären wurden mit kürzerem und weniger luxuriösem Mohair als in der Vorkriegszeit gefertigt.

Obwohl es eine kurze Zeitspanne nach dem Krieg gab, in der Steiff auf Knopfaugen zurückgriff, wurden Glasaugen allgemein üblich, sobald sie wieder verfügbar waren. Die meisten Bären der frühen Zwanzigerjahre hatten klare Glasaugen mit braun bemaltem Rücken und schwarzen Pupillen. Der klassische Steiff-Teddy blieb dem Design von 1905 sehr ähnlich – die Bären hatten lange Arme, breite Füsse mit schmalen Knöcheln, einer hervorstehenden Schnauze und einem Buckel –, aber 1921 führte Steiff Kapok-Füllungen ein, und von da an waren die Bären untersetzter und leichter als vorher. Im selben Jahr stellte Hugo Steiff auf ein Fließbandsystem um, welches die Produktion beschleunigte, obwohl die gesamte Arbeit nach wie vor von Hand erledigt wurde (wie noch heute).

1923, als Inflation in Deutschland Höhepunkt erreichte, beschloss Richard Steiff, Giengen zu verlassen und in die USA zu gehen, um sich auf den Export zu konzentrieren. Sein kreatives Genie war unersetzlich, und die späteren Steiff-Erzeugnisse spiegeln seine Abwesenheit von der Fabrik deutlich wider. Die Reise wurde vier Jahre später in umgekehrter Richtung wiederholt, als Ernst Steiff, der jüngste von Margaretes Neffen, nach 14 Jahren aus den USA nach Giengen zurückkehrte und die Stelle eines Geschäftsführers in der Firma antrat.

Nach den Grauen des Krieges galt es, die Stimmung zu heben. Einmal mehr interpretierte Steiff die internationale Gefühlslage richtig und gab im Laufe der Zwanzigerjahre eine Reihe von erfrischenden, fröhlichen und lebendigen Bären heraus, die in jedem Fall ein Lächeln auf die Lippen ihrer Besitzer zaubern konnten. Einige von ihnen waren gekleidet, so auch Teddybu, ein weißer, goldener oder klassisch brauner Teddybär, der eine farbenfrohe Filzweste trug. Andere hatten einen fröhlichen bunten Pelz, so wie Teddy Rose, ein rosafarbener, langhaariger Plüschbär, der ab 1925 erhältlich war. Andere

Oben: Steiff, 1928. Obgleich Neuheiten in den 20ern sehr nachgefragt waren, blieb Richard Steiffs klassischer Teddybär weiterhin modern.

Oben: Steiff, Harlekin, ca. 1920. Repliken
in limitierter Auflage wurden im Jahr 2000
für den Steiff-Club gefertigt.

Rechts: Steiff, Friedensbär, 1925. Es
handelt sich um den Prototypen für die
Clown-Reihe des Unternehmens.

Oben: Steiff Teddy-Clown, ca. 1926.
Ein seltenes Modell, das nur kurze Zeit
hergestellt wurde.

Links: Petsy von Steiff, ca. 1926,
erkennbar an seinen verblüffend
blauen Augen und den mit Draht
umrahmten Augen.

Bär, der 1925 eingeführt wurde. Es war ein kleiner Bär, der eine Flagge schwenkt und als Maskottchen an ein Fahrrad geklemmt werden konnte.

Ein durch und durch origineller Bär, der während der Roaring Twenties, der wilden 20er Jahre, gefertigt wurde und die verrückte Energie dieser Zeit verkörpert, war Harlekin, ein 35 cm großer Steiff-Bär mit einer blauen und einer roten Seite, einem blauen und einem braunen Auge und ungewöhnlichen gelben Filzpfoten. Es wird angenommen, dass er ein Muster war, das keine Zustimmung fand und das von einem Arbeiter in der Fabrik gefertigt wurde. Sicher ist, dass er nie kommerziell hergestellt wurde.

Harlekin wurde erst kürzlich wiederentdeckt, und die Dokumente über ihn stützen die Theorie seiner Herkunft. Er befand sich im Besitz einer Frau, die für die Teddybär-Produzenten über 40 Jahre lang arbeitete. Zu den Beweisen für ihre Anstellung zählt ein hölzerner Teller, der ihr anlässlich ihres vierzigsten Firmenjubiläums überreicht worden war. Da er nie seriell produziert wurde, sorgte Harlekin für solch eine große Aufregung, dass er beim Steiff-Festival in Giengen 1999 für 60 000 britische Pfund verkauft wurde.

Eine von Steiffs berühmtesten Bärenneuheiten war Teddy Clown, der 1926 eingeführt wurde. Es gab ihn in elf verschiedenen Größen, von 23 cm bis 114 cm, und zwei verschiedenen Farben (mit braunen oder goldenen Spitzen), und er unterschied sich von den anderen durch seinen weißen Clownshut und die Halskrause. Petsy, ein weiterer schöner Entwurf aus dieser Zeit, war bemerkenswert auf Grund seiner erstaunlich blauen Augen und seiner rosarot bestickten Nase und des ebenso farbigen Maules (es wurde auch eine weniger auffällige Version mit braunen Augen und einer schwarzen Nase produziert). Petsy besaß große Ohren, die dank eines Drahtgestells im Inneren in verschiedene Positionen gedreht werden konnten und diese beibehielten. Er wurde in zehn verschiedenen Größen auf den Markt gebracht und auch als Handpuppe sowie auf einem Gestell mit Rädern als Teil der Rekord-Serie produziert.

Oben: Teddy-Babies von Steiff, Anfang der 30er, zwei der ersten zwölf Größen, die von diesem beliebten Entwurf erhältlich waren.

besaßen den beliebten zweifarbigen Mohairplüsch, von denen Happy der bemerkenswerteste war. Happy war ein goldener Teddy, bei dem die Spitzen des Fells in braune Farbe getaucht worden waren. Er wurde Mitte der Zwanzigerjahre hergestellt. 1989 wurde Happy für eine Weile der teuerste Teddy der Welt, als er auf einer Auktion für 55 000 britische Pfund verkauft wurde. Zu den Spielzeugneuheiten, die aus dieser Zeit stammen, zählt Tali

Teddy Baby, der 1929 entworfen und im folgenden Jahr auf den Markt gebracht wurde, war tonangebend für den Stil der Dreißigerjahre. Diesen komischen Bären mit dem fröhlich-freundlichen Gesicht gab es zunächst in goldfarbenem, dunkelbraunem oder (bis 1933) weißem Mohairplüsch sowie in zwölf verschiedenen Größen von 8 cm bis 45 cm. Seine Glasaugen wurden in die Naht der gestutzten Schnauze aus Mohair gesetzt (die kleineren Größen hatten Schnauzen aus Samt), was ihm ein eher karikaturähnliches Aussehen verlieh. Dieser Effekt verstärkte sich bei den Bären von über 20 cm Größe, die offene Mäuler besaßen, die mit hautfarbenem Filz gesäumt waren. Teddy Babys Arme waren insofern ungewöhnlich, als die Pfoten nach unten zeigten, wenn die Arme ausgestreckt waren (bei den meisten Bären waren die Pfoten einander zugewandt). Die großen, flachen Füße waren dagegen mit Pappe verstärkt, damit der Bär besser stehen konnte. Als er auf den Markt gebracht wurde, umfasste die Serie acht Größen des Teddy Babys aus Wollplüsch. Es wurde jedoch 1933 wieder vom Markt genommen. Der Standard Mohairplüsch-Bär blieb bis in die Fünfzigerjahre hinein beliebt, was Steiff dazu ermutigte, mehrere Varianten dieses Typs herzustellen.

Teddy Dicky tauchte in den Steiff-Katalogen zwischen 1930 und 1936 auf. Auch er besaß eine angesetzte, gestutzte Schnauze aus Mohair, sein gesticktes Maul bekam jedoch zusätzlich ein riesiges Lächeln, das mit einer Spritzpistole auf sein Gesicht aufgetragen wurde. Er war in zwölf verschiedenen Größen von 10 cm bis 70 cm zu haben, in weißem oder blondem Mohairplüsch. Einige Bären hatten schlichte Tatzen und Fußsohlen, andere dagegen waren mit Samt überzogen und hatten aufgemalte Ballen und Krallen. Das Steiff-Archiv besitzt zwei Prototypen von Dicky, die nie kommerziell hergestellt wurden, bei denen Schnappgelenke in die Pfoten eingebaut sind, so dass sie kleine Gegenstände zwischen Finger und Daumen halten können. Sie sind darüber hinaus in der Lage, außergewöhnliche Kopfbewegungen zu machen, wenn man sie oberhalb des Schwanzes entsprechend betätigt.

Ein dem Teddy Baby vergleichbarer Bär war der Zirkus-Bär, der ebenfalls eine angesetzte Schnauze besaß, flache, mit Pappe verstärkte Füße, damit er besser stehen konnte, sowie die charakteristischen, abgewinkelten Pfoten. Der Zirkus-Bär wurde 1935 in Heidenheim patentiert und hatte einen Uhrwerk-Mechanismus, dank dessen er realistisch laufen konnte. (Dieser Mechanismus war 1910 von Steiff entwickelt worden, hier kam er jedoch zum ersten Mal zum Einsatz.) Von 1935 bis 1939 wurden ungefähr 897 Zirkus-Bären hergestellt, und auf Grund ihrer limitierten Zahl sind sie heute bei Sammlern sehr begehrt.

Neben diesen vielen fröhlichen Charakteren gab es die Steiff-Bären zum Hinterherziehen oder Darauf-Reiten. Der Roly Droly wurde seit Mitte der Zwanzigerjahre in den Katalogen beworben. Wenn man dieses beräderte Spielzeug zog, begannen sich zwei andere Bären auf Drehscheiben in entgegengesetzte Richtungen zu drehen. Für eine kurze Zeit wurde Anfang der Dreißigerjahre ein

Unten: Arbeiter in der Steiff-Fabrik in Giengen, die Stofftiere in Handarbeit fertigen – im übrigen nach noch heute üblichen Methoden.

Teddy-Baby auf einem Chassis mit Rädern als Teil der Rekord-Serie herausgegeben. Die meisten dieser Reitbären hatten einen Pelz aus dunkelbraunem Mohair, eine blassere Schnauze und standen auf allen Vieren auf einem Chassis mit roten Rädern. Seit 1939 gab es auch einen helleren Young-Bären.

Steiff war ein aufgeklärtes Unternehmen, das sich seine sozialen Verantwortung bewusst war. Die Arbeitsbedingungen in der Fabrik waren sehr gut, das Gebäude war auf dem neuesten Stand, die Herstellungsmethoden waren modern. Es gab eine subventionierte Kantine. Außerdem befanden sich auf dem Firmengelände mehrere Wohnungen für verheiratete Arbeiter, die zu vernünftigen Preisen gemietet werden konnten, sowie Schrebergärten, in denen Angestellte ihr eigenes Gemüse anbauten.

Leider mussten viele dieser Vergünstigungen Ende der Zwanziger- und Anfang der Dreißigerjahre zurückgenommen werden, als die Weltwirtschaftskrise den Markt für Stofftiere vernichtete. Steiff musste die Produktion zurückfahren und zahlreiche Mitarbeiter entlassen. Das Unternehmen versuchte auch, Gesamtkosten zu verringern, indem es weniger hochwertige Materialien für einige seiner Bären verwendete. So begann man zum Beispiel, einige Serien aus Woll- statt aus Mohairplüsch zu fertigen. Das verheerendste Ergebnis der Wirtschaftskrise war jedoch eine tief gehende Desillusionierung bezüglich der Politik, die die Machtergreifung der Nationalsozialistischen Partei Adolf Hitlers ermöglichte. Sie hatte sogar Einfluss auf die Spielzeugindustrie, denn Ernst und Hugo Steiff wurden von ihren Positionen entfernt, da sie etwas für Juden übrig hatten.

Ein wenig wurde dennoch gefeiert, der Wirtschaftskrise zum Trotz, als die Margarete Steiff GmbH im November 1930 ihr 50. Jubiläum feierte und aus diesem Anlass einen kleinen Filzelefanten herausgab, vergleichbar dem von Margaretes hergestellten Nadelkissen, die sie für ihre Freunde all diese Jahre gefertigt hatte. Diese Tradition wurde zum 70. und zum 100. Geburtstag wiederholt.

In den Dreißigerjahren wurden leichte Veränderungen am klassischen Design Richard Steiffs vorgenommen – die Ohren rückten etwas näher zusammen, und der Teddy sah etwas stämmiger aus. Um einen Bären jedoch exakt zu datieren, ist es unerlässlich, sich den Knopf und das Etikett möglichst genau anzusehen: Auf die ersten Knöpfe von 1904 war ein Elefant geprägt. Zwischen 1904 und 1905 wurde auch ein nicht geprägter Knopf verwendet. Von 1905 an bis in die Fünfzigerjahre wurde auf sämtliche Knöpfe der Name »STEIFF« geprägt, wobei die Schleife des letzten »F« einige der vorhergehenden Buchstaben unterstrich. Eine Ausnahme bilden einige nicht beschriftete Knöpfe, die zwischen 1948 und 1950 gefertigt und blau angemalt wurden (möglicherweise wollte Steiff sein Markenzeichen nicht für Produkte hergeben, die auf Grund einer Notsituation nicht perfekt waren).

Für eine kurze Zeit in den Fünfzigerjahren erschien STEIFF in Großbuchstaben ohne den Unterstrich, während auf den meisten der nach 1950 produzierten Knöpfe »Steiff« in Kursivschrift gebräuchlich war.

Steiff-Teddys wurden auch durch Etiketten gekennzeichnet, die mit dem Knopf an den Bären befestigt wurden. Von ungefähr 1908 bis 1925 wurde ein weißes Etikett aus Papier (oder verstärktem Papier) verwendet. Zwischen 1925 und um 1935 wurden rot bezogene Etiketten aus Leinen verwendet und 1933 oder 1934 gelbe Etiketten eingeführt. Die Etiketten sind seither gelb geblieben, mit Ausnahme einer kurzen Zeitspanne um 1950, als cremefarbene verwendet wurden.

Trotz der sich verschlimmernden politischen Situation in Deutschland reagierte Steiff weiterhin schnell, wenn es darum ging, neue Möglichkeiten aufzutun. Als Su-Lin, der erste Riesenpanda, der jemals im Westen gesehen wurde, 1937 im Chicagoer Zoo ankam, sorgte das Ereignis für eine Sensation, und Steiff gab im nächsten Jahr einen schwarzweißen gegliederten Panda heraus. Vielleicht war es

Gegenüber: Teddy Dicky von Steiff aus den Jahren 1930–1936, hier in der Version mit schlichten Pfotenunterseiten, zusammen mit einem frühen Zimtbären.

Oben links: Nickelknöpfe, die von 1905–06 bis Mitte der 20er Jahre verwendet wurden.

Oben Mitte: Silberfarbener Knopf, der von Anfang 1920 bis 1950 verwendet wurde (groß).

Oben rechts: Silberfarbener Knopf, der Anfang der 20er Jahre bis 1950 verwendet wurde (klein).

Unten links: Messingfarbener Knopf, der Ende der 30er Jahre verwendet wurde.

Unten Mitte: Unbeschrifteter Knopf (bläulich), wurde von 1948 bis 1959 verwendet.

Unten rechts: Silberfarbener Knopf aus der Zeit von 1950 bis 1952.

über Europa zusammen – vielleicht war es ein Segen, dass ihm erspart wurde mitanzusehen, wie das Unternehmen, für das er so hart gearbeitet hatte, wieder einmal ruiniert wurde.

Der Ausbruch des Zweiten Weltkrieges 1939 bescherte dem Unternehmen Probleme, die ebenso bekannt wie vernichtend waren. Materialien wie Mohair konnten nicht mehr aus Großbritannien importiert werden, die Vorräte schrumpften. Zusammen mit der Tatsache, dass alle wehrfähigen Mitarbeiter eingezogen wurden, führte dies dazu, dass die Produktion in der Steiff-Fabrik extrem begrenzt wurde. 1943 wurde die Spielzeugproduktion gänzlich eingestellt, da die Fabrik Militärgüter wie Munition und Filzkappen herstellen musste. Das ausgedehnte Steiff-Archiv wurde zusammengepackt und an verschiedenen Orten versteckt, so auch in dem Keller einer örtlichen Kegelbahn. Als die US-Armee Giengen 1945 besetzte, versuchten einige Soldaten, die Fabrik zu plündern. Glücklicherweise gingen sie mit leeren Händen davon.

Auf der Konferenz von Jalta im Februar 1945 teilten die siegreichen Alliierten Deutschland in vier Besatzungszonen auf, mit Russland im Osten, den USA im Süden, Frankreich in der Mitte und Großbritannien im Norden Deutschlands. Alle Siegermächte hatten eine Vertretung in Berlin. Steiff lag in dem von der US-Armee besetzten Viertel, und von 1949 bis 1953 trugen sämtliche seiner Bären ein Etikett mit der Aufschrift »Made in US-Zone Germany«, das an ihrer rechten Seite angebracht war. Doch zunächst musste die Firma die Produktion wieder aufnehmen.

Steiff lernte aus den Erfahrungen von 1918 und verwendete einmal mehr alternative Materialien, wie zum Beispiel Wolle, Baumwolle oder synthetischen Plüsch, und stellte auch bekleidete Bären her, die nur ein Minimum an Fell zeigten. Obwohl das Steiff-Team ausreichend innere Stärke besaß, um zu überleben und mit der Produktion so gut es ging fortzufahren, war es mit einem noch schwerwiegenderen Problem konfrontiert: dem Mangel an

Richard Steiff, der die Verbindung zwischen Pandas und Teddybären herstellte. Es ist mehr als wahrscheinlich, dass er die Reise nach Chicago unternahm, da er nur wenige hundert Kilometer entfernt in Jackson, Michigan, lebte. Wenn dem so war, wäre es eine seiner letzten Hinterlassenschaften für die Spielzeugindustrie gewesen, denn er starb im März 1939 im Alter von 63 Jahren.

Der Beitrag, den Richard Steiff für die Teddybär-Industrie leistete, kann nicht genug gewürdigt werden, denn er erfand nicht nur den Teddy, sondern perfektionierte auch sein Design. Als er starb, zogen sich die Wolken des Krieges

Kunden. Die meisten Menschen waren vollauf damit beschäftigt waren, ihr Leben, ihr Heim und ihr Land wieder aufzubauen, anstatt Luxus-Spielzeug zu kaufen. Auf der Leipziger Spielwarenmesse von 1946 stellte Steiff seine ersten zehn Nachkriegsprodukte vor, die sämtlich aus künstlichem Seidenplüsch gefertigt waren. 1948 erholte sich die Wirtschaft und wuchs bald mit enormer Geschwindigkeit. Als die ersten Lieferungen von Mohairplüsch in Giengen ankamen, begann Steiff wieder Bären herzustellen, die den von ihrer Gründerin gesetzten hohen Standards entsprachen.

Andere deutsche Firmen erwiesen sich angesichts der traumatischen Ereignisse in der ersten Hälfte des 20. Jahrhunderts als weniger unverwüstlich. Wie Steiff entschlossen sich auch die Gebrüder Bing nach dem Ersten Weltkrieg, ihre Kollektion mit einem etwas fröhlicheren Bären auf den Markt zu bringen. Der Bing-Bär der Zwanzigerjahre besitzt eine ausgeprägtere, gestutzte Nase, verwegenere Gesichtszüge, Glasaugen und ein Lächeln. Leider war der Kampf der Firma, die Auswirkungen des Krieges zu überleben und dennoch hochwertige Teddys zu produzieren, nicht von Erfolg gekrönt. Einer der größten Spielzeughersteller der Welt scheiterte daran, dass die laufenden Geschäftskosten zu hoch wurden und die Struktur zu schwerfällig war, um die rauen Bedingungen der weltweiten Rezession überleben zu können. Die Konkursverwalter wurden gerufen und die Produktion 1932 eingestellt.

Kleine Unternehmen waren in solch turbulenten Zeiten ähnlich verwundbar. Sie verließen sich oftmals viel zu sehr auf einige wenige Kunden oder Angestellte. Eines dieser

Rechts: Opera von Steiff, 20er Jahre. Dieser schöne weiße Teddybär erhielt seinen Namen von seinem Besitzer, einem deutschen Opernsänger.

Rechts: Gebrüder Bing, 20er Jahre. Mit seiner gestutzten Schnauze und dem nach oben gebogenen Mund verkörpert dieser Bär die fröhlicheren Entwürfe, die die Firma nach dem Ersten Weltkrieg herstellte.

Oben: Moritz Pappe, Baby-Bär, ca. 1928.
Einer der ersten Teddys, die im Baby-Stil
produziert wurden.

Links: Educa, 20er Jahre. Die Stickerei auf
Nase und Mund dieses Bären verraten die
Hand von Eduard Crämer.

Unternehmen, die Liegnitzer Puppenfabrik (später unter dem Namen Moritz Pappe bekannt), wurde von Arthur und Dr. Kurt Pappe 1869 gegründet. Über die frühen Jahre der Firma ist wenig bekannt, da offensichtlich keine Aufzeichnungen aus der Zeit vor 1900 überlebt haben, wenn sie denn überhaupt existierten. Geschäftsunterlagen von 1903 zeigen ein Unternehmen, das sich auf die Herstellung von Puppen konzentrierte. Sieben Jahre später fertigte es jedoch Teddybären, und 1928 waren sie seine eigentliche Stärke. Doch trotz seines Erfolges mit Baby-Bär scheint Moritz Pappe mit Ausbruch des Zweiten Weltkrieges die Produktion eingestellt zu haben.

Wie so viele Hersteller von Teddy-bären war Moritz Pappe von Steiff beeinflusst und stellte einen sich überschlagenden Bären her, ähnlich dem Purzel-Bären von Steiff, der einen fast identischen Mechanismus be-saß. Nach dem Ersten Welt-krieg war er so klug, sich ein Patent für seine Teddybären ein-tragen zu lassen, zum Beispiel im Jahre 1921 für besondere Entwürfe beweglicher Bären. Leider haben keine Zeichnungen oder Fotografien der Bären überlebt, so dass jegliche Information über sie der Beschreibung des Patents entnommen werden muss. Zu diesem Zeitpunkt hatten Moritz Pappe-Bären einen neuen Kleeblatt-Knopf als Markenzeichen ange-nommen.

Eduard Crämers Educa-Fabrik kam nach dem Ersten Weltkrieg glücklicher-weise schnell wieder auf die Beine. Eine

Unten: Ja/Nein-Panda von Schreyer & Co., 50er Jahre. Schucos erfolgreiche Ja/Nein-Kollektion wurde bis in die 70er Jahre hinein hergestellt.

Kollektion neuer und aufregender Designs, die von der Münchner Künstlerin Marie Schultheis beeinflusst waren, erfüllte sie mit Tatkraft. Schon bald wurden ihre Spielwaren in der ganzen Welt verkauft, besonders in den USA und England. Dieser Erfolg erwies sich ironischerweise als fatal, denn da ein großer Teil der Einnahmen aus dem Ausland kamen, wurde Educa von der Weltwirtschaftskrise Anfang der Dreißigerjahre schwer getroffen, als durch den Zusam-menbruch der internationalen Wirtschaft die Exportquoten in den Keller sanken. Da Educa keine breite lokale Basis besaß, litt es darunter. Qualität stand für das Unternehmen jedoch an erster Stelle, und zu keinem Zeit-punkt setzte es diese aufs Spiel, obwohl günstigere Preise die Verkäufe im unte-ren Marktsegment hätten ankurbeln können.

Das Unternehmen kämpfte sich durch die Dreißigerjahre, doch der Zweite Welt-krieg setzte allen Hoffnungen auf Erho-lung ein Ende. Wie bei so vielen Spielwarenherstellern wurde die Produktion während des Krieges eingestellt, und leider steckte Educa, anders als andere, die sich schnell erholten, auch in der unmittelbaren Nachkriegszeit weiterhin in Schwierigkeiten. 1945 fielen Schalkau und die Educa-Farbik in die russische Besatzungszone, die schon bald zur Deutschen Demokratischen Republik wurde. Wie viele andere Firmen wurde sie sofort verstaatlicht. Die Qualität der Bären ließ unter dem neuen Regime, das wohl ein unsicherer Garant für die Herstellung von Spielzeug war, das nach einem US-Präsidenten benannt war, merklich nach, und nach acht Jahren gab Educa das Geschäft auf.

Die Geschichte hat jedoch ein Happyend, denn diesen wundervollen Bären wurde kürzlich die Gelegenheit gegeben, wieder in die industrielle Fertigung zu gehen: Mit voller Zustimmung von Eduard Crämers Nachfahren erhielt die Raby Rauensteiner Spielzeug GmbH das Recht, die Crämer-Bären wieder zu produzieren. Die heute hergestellten Crämer-Bären halten sich streng an die Original-Muster, verwenden hochwertigen Mohair und haben ein Educa-Etikett.

Einer von Educas Hauptkonkurrenten in der ersten Hälfte des 20. Jahrhunderts war Schreyer & Co., auch als Schuco bekannt. Das kreative Genie und die Energie dieses florierenden Spielwarenherstellers war Heinrich Müller (1887–1958). Er begann in jungen Jahren damit, Spielzeug zu entwerfen, und als er 18 war, entwickelte er mit Hilfe seines Bruders seine Ideen zur Produktionsreife. Im Alter von 22 wurde er von dem berühmten Spielwarenhersteller Gebrüder Bing angestellt. Seine Lehre bei Bing war jedoch kurz, denn schon am 16. November 1912 startete er seine eigene Firma in Nürnberg mit dem Möbelfabrikanten Heinrich Schreyer als Partner.

Schreyer & Co. begann damit, Spielzeug für Jungen herzustellen, wie Zinnsoldaten und Autos. 1913 warb man erstmals für Stofftiere, eine Kollektion von Tieren auf Rädern, genannt Tipp-Tapp-Tiere, zu denen auch ein Bär gehörte. Die Originalität und die Qualität der Ausführung sorgten dafür, dass sie in einem immer härter werdenden Markt schnell von Einkäufern und der Öffentlichkeit wahrgenommen wurden. Müller träumte davon, zu expandieren, aber seine Träume wurden 1914 abrupt beendet. Als der Krieg in Europa ausbrach, wurden die beiden Partner zum Dienst an der Waffe eingezogen und ihr Werksgelände geschlossen.

Am Ende des Krieges war Müller entschlossener denn je, ein erfolgreicher Spielwarenhersteller zu werden, aber Schreyer schien den Glauben an der Firma verloren zu haben und ging. 1919 wurde der Stoffhändler Adolf Kahn Müllers neuer Partner. Gemeinsam stellten sie eine Reihe

Links: Schreyer & Co., Bell-Hop Ja/Nein, 1926. Der Schwanz des Bären war eigentlich ein Hebel, der die Bewegung des Kopfes steuerte.

phantasievoller Spielzeugneuheiten her, die während der schwierigen Nachkriegsjahre und der Rezession verkauft wurden. Das Logo der Firma war ein stolpernder Mann, der seine Beine umklammert hält. 1921 ließ sie den heute international berühmten Markennamen Schuco registrieren. Im selben Jahr brachte Schuco eine seiner erfolg- reichsten Kollektionen, den magischen Ja/Nein-Bären auf den Markt, der auf der Leipziger Spielwarenmesse vorgestellt wurde. Der Stummelschwanz des Teddys ist eigentlich ein Hebel, der mit einem Metallstab verbunden

Unten: Schreyer & Co., 1927. Ein Schuco-Minibär, zusammen mit seiner Originalverpackung von einer Bayerischen Handwerksausstellung.

ist, der wiederum mit dem Kopf des Bären in Verbindung steht. Wenn der Schwanz von links nach rechts bewegt wird, schüttelt der Bär den Kopf. Wenn der Schwanz hoch und runter bewegt wird, nickt er. Der Ja/Nein-Bär wurde augenblicklich von der Öffentlichkeit ins Herz geschlossen, so dass er bis 1976, als das Unternehmen schloss, weiter- produziert wurde. In den dazwischenliegenden Jahren wurde eine Unmenge von Varianten eingeführt, darunter der Hotelpagen-, der Kulleraugen- und andere Ja/Nein- Bären in verschiedenen Farben sowie der Ja/Nein-Clown- Bär.

Der Ja/Nein-Bär war nur einer aus einer Kollektion von neuen Bären, die Schuco in den Zwanzigerjahren einführte. Viele von ihnen besaßen mechanische oder Uhrwerk- oder andere Mechanismen, die zeigen, wie sehr Müller von den Gebrüdern Bing beein- flusst wurde, als er für das Unternehmen arbeitete. Die vielleicht einträglichste der frühen Schuco- Kollektionen war jedoch die Miniatur-Serie. Kinder lieben Spielzeuge, das sie in ihre Taschen stopfen können, und Schucos Erfahrung in der Spielzeugauto-Branche machte den Designern vielleicht bewusst, wie attraktiv ein winziger Bär für kleine Hände sein würde. Um 1924 begann das Unternehmen, gegliederte Bären herauszu- geben, die nur 6 cm groß waren. Ursprünglich wollte man die Miniaturen als Werbegeschenk verteilen, doch dann wurden sie schnell eine der führenden Serien der Firma. Die kleinen Bären besaßen innere Metallrahmen, die mit farbigem Mohairplüsch bedeckt waren und hatten Filz- pfoten. Schuco knüpfte an diesen Erfolg an und übertrug die Idee auf eine Kollektion von Modeaccessoires für Damen: Miniaturbären, die in luxuriösen Farben erhältlich waren und Gegenstände wie Parfümflaschen, Zerstäuber oder Lippenstifte, Spiegel und Puderquasten verbargen. Ende der Zwanzigerjahre war Schuco dank einer

Gruß von der Ausstellung „Das Bayerische Handwerk" München 1927.

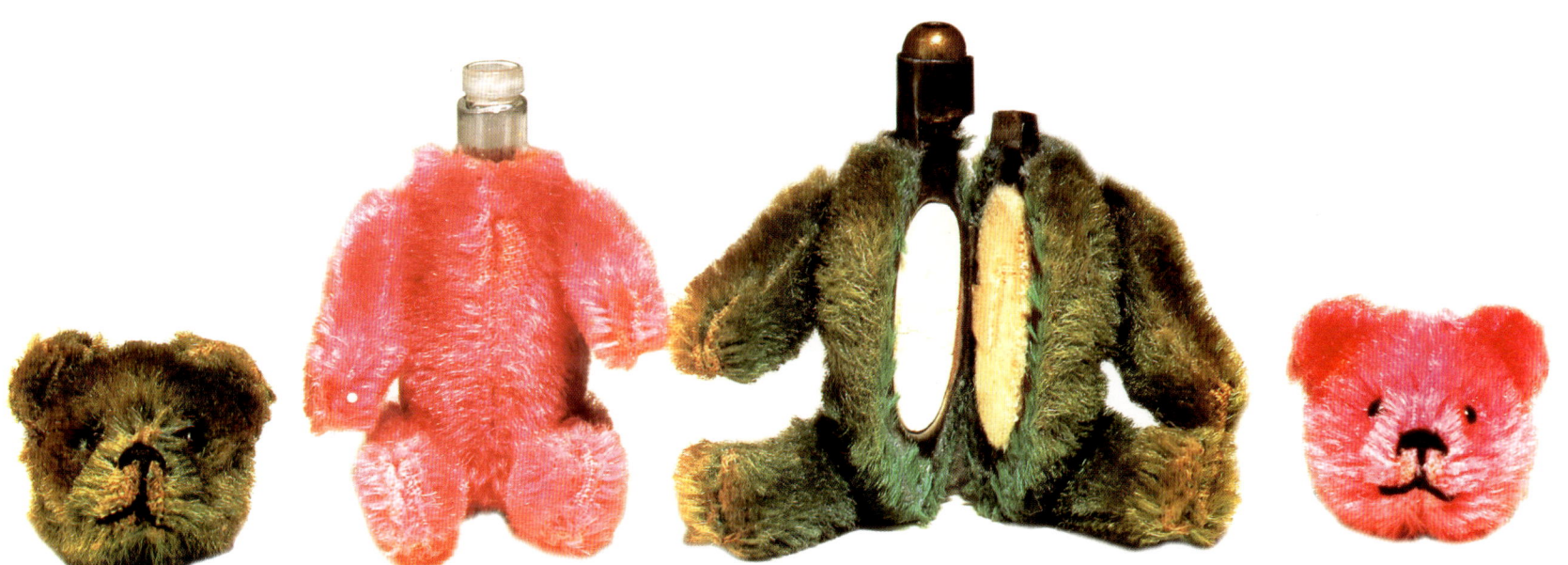

Reihe von klugen Unternehmensentscheidung in der Lage, in ein großes, vierstöckiges Gebäude in der Fürther Straße 28–32 in Nürnberg zu ziehen.

Während der Dreißigerjahre fuhr Schuco fort, seine Neuheitenkollektion anzupassen und zu erweitern, und fertigte auch eine Reihe größerer, traditionellerer Bären (einige von ihnen mit farbigem Fell), darunter ein Baby-Bär. 1936 emigrierte Adolf Kahn, der Jude war, aus einem zunehmend feindlich gesinnten Deutschland zunächst nach Großbritannien und dann in die USA. Während des Zweiten Weltkrieges wurde die Schuco-Fabrik, die auf die Herstellung von Telefonausrüstungen umgestellt worden war, mehrere Male bombardiert. Die Firma erholte sich jedoch schnell nach dem Krieg, mit großzügiger Unterstützung Kahns, der eine Schuco-Spielwarenfabrik in den USA gegründet hatte und als Einziger die Schuco-Produkte importierte. Generell sind die Schuco-Spielwaren der Vorkriegszeit mit »Made in Germany DRGM« gekennzeichnet, während Exemplare der Nachkriegszeit die Aufschrift »Made in US Zone, Germany« tragen.

Schuco war einer von vielen bekannten und weniger bekannten Stofftierherstellern mit Sitz in Nürnberg. Zu letzteren zählte auch Josef Pitrmann, dessen außergewöhnliche Jopi-Bären und andere Stofftiere seit ungefähr 1911 produziert wurden. Die ersten Exemplare waren mit einer Plakette mit der Aufschrift »Josef Pitrmann« gekennzeichnet. 1922 änderte man das Markenzeichen auf der Plakette in einen Bären mit Weihnachtsbaum. Später, in den Dreißigerjahren, wurde sie erneut geändert in ein Pferd mit Reiter, unter denen die Worte »Sehr feine Stofftiere, Jopi« standen.

Seine besonders beliebten Musikbären begann Pitrmann in den Zwanzigerjahren zu produzieren. Die Teddys aus langharigem buntem Mohair hatten unverwechselbare orangefarbene Augen mit einem eher starren Blick und bewegten sich zieharmonikaartig zu Musik, die man aktivieren konnte, indem man den Bauch mehrere Male drückte. Zu einer Zeit intensiven Wettbewerbs zwischen den rivalisierenden Herstellern waren Josef Pitrmanns Jopi-Bären dennoch sehr begehrt, als sie auf den Markt gebracht wurden, und das ist noch heute bei Sammlern in der ganzen Welt der Fall. Josef Pitrmann starb 1938 und hinterließ seine Frau und eine Tochter, die das

Oben: Schreyer & Co., Kompaktbär und Duftflasche, 20er Jahre. Es handelt sich um ein bei den Damen äußerst beliebtes Accessoire von Schuco.

Geschäft weiter führten. Darüber hinaus ist wenig über die Firma bekannt, wenngleich sie ein paar bunte Musikbären 1959 auf der Nürnberger Spielwarenmesse vorstellte.

Die Herstellung von Stofftieren war in Deutschland traditionell eine Heimindustrie, an der häufig ganze Familien teilhatten. Die handwerklichen Fähigkeiten wurden von Generation zu Generation weitergegeben. Dies traf besonders auf die Zentren der Spielzeugherstellung wie Nürnberg und Sonneberg zu. Manchmal, wie im Falle Steiff, blieb das Unternehmen intakt und wuchs mit der Familie. Oder es konnte viele kleinere

Unternehmen hervorbringen, wenn jedes Kind seinen eigenen Weg verfolgte.

Das berühmteste Beispiel des zweiten Modells ist die Hermann-Dynastie, deren Mitglieder noch heute Teddybären produzieren. Um 1907 begann Johann Hermann (1854–1919) im Dorf Neufang, nahe Sonneberg, Holzspielzeug herzustellen und gründete schließlich die Johann Hermann Spielwarenfabrik. Er und seine Frau Rosalie hatten sechs Kinder, darunter Bernhard, Artur, Max und Adelheid, die alle in der Teddybär-Industrie tätig werden sollten. Es wird angenommen, dass der erste Hermann-Teddy in Neufang 1913 hergestellt wurde.

Bernhard Hermann, der älteste Sohn, hatte 1912 Ida Jäger geheiratet. Das Paar zog nach Sonneberg, wo es seine eigene Bärenherstellung unter dem Firmennamen BE-HA begann. Nach dem Krieg produzierte Bernhard eine Bärenkollektion zu verschiedenen Preisen – etwas für jeden Geldbeutel – und exportierte sie erfolgreich in ganz Europa und die USA. Ein Charakteristikum dieser Bären war, dass sie oft eingesetzte Schnauzen aus gestutztem Mohair hatten und damit Steiffs Teddybären zuvorkamen. Sie besaßen auch rundere Köpfe als viele andere deutsche Bären, die zu dieser Zeit gefertigt wurden.

BE-HA wuchs weiter bis zum Zweiten Weltkrieg, als Bernhards Söhne Helmut, Artur und Werner Soldaten wurden (der vierte, Horst, war 1937 gestorben). Nach dem Krieg fiel Sonneberg der russischen Besatzungszone zu, die zur DDR werden sollte. 1948 begann Bernhard Hermann mit seiner Firma nach Hirschaid umzuziehen, einer Stadt in der US-Zone, auf halber Strecke zwischen Sonneberg und Nürnberg, geschützt vor staatlichen Eingriffen. Als er dort war, änderte er den Namen in Gebrüder Hermann KG und fing an, seine Bären mit dem berühmten roten Siegel zu stempeln und der Aufschrift »HERMANN Teddy ORIGINAL«, das noch heute verwendet wird.

Eine zweite Teddybär-Fabrik wurde von Johann Hermanns jüngstem Sohn Max gegründet. Vor dem Ersten Weltkrieg half Max seinem Bruder und seiner Schwester,

Artur und Adelheid, das Familienunternehmen in Neufang zu führen. 1920, nach dem Tod seines Vaters, gründete Max seine eigene Firma und stellte Teddybären im Haus der Familie her. Drei Jahre später zog auch er in eine Fabrik in Sonneberg, zusammen mit seiner Frau Hilde und seinem Sohn Rolf-Gerhard. Schon bald operierte das Unternehmen unter dem Namen Max Hermann Sonneberg, mit dem Markenzeichen Maheso. Die Bären wurden mit grünen, dreieckigen Schildchen versehen, auf denen ein Teddybär zusehen ist, der einen Hund spazieren führt. Sie werden heute noch verwendet.

Der typische Max Hermann-Bär der Zwanziger- und Dreißigerjahre hatte eine eingesetzte Schnauze aus gestutztem Mohairplüsch, der sich von dem Rest des Pelzes unterschied. Außerdem große Ohren und eine schildförmige und horizontal gestickte Nase, die über einem Mund in Form eines umgedrehten Y saß. Darüber hinaus besaß er lange Arme und Beine, löffelartige Pfoten und eher schmale Füße.

Nach Ausrufung der DDR gründete der Sohn Max Hermanns 1949 im nahe gelegenen westdeutschen Coburg die Tochterfirma Hermann & Co. KG. Die Unzufriedenheit, die durch die sowjetische Politik der Kollektivierung der Landwirtschaft hervorgerufen wurde, führte 1953 zu Unruhen im Osten. Zu Beginn dieses Jahres floh Max mit der engsten Familie nach Coburg. Noch heute arbeitet die Firma von Coburg aus.

Eine Sache unter Brüdern war auch die Firma der Gebrüder Süssenguth, die in Neustadt, in Bayern, von Wilhelm und Franz Süssenguth 1894 zur Herstellung von Puppenkörpern und Puppenköpfen für die deutsche Spielwarenindustrie gegründet wurde. Anfang der Zwanziger versuchten die Brüder, einen Teddybären mit den Herstellungsmethoden einer Puppe zu fertigen. Das Ergebnis, das 1925 auf den Markt kam, war ein ungewöhnliches Produkt namens Peter-Bär. Diese grimmig schauende Kreation hatte einen mit Mohair bedeckten Kopf aus gepresstem Karton mit Glasaugen oder beweg-

lichen Holzaugen, die tief in den Höhlen lagen, eine schwarze aufgesetzte Nase und ein geöffnetes Maul mit hölzernen Zähnen und einer Zunge. Wenn man den Kopf von einer Seite auf die andere drehte, bewegten sich Augen und Zunge. Die meisten Bären hatten ein Fell aus Mohairplüsch mit braunen Spitzen, es gab sie jedoch auch in Aprikotfarben, Grau und Rosa.

In Anbetracht des eher beunruhigenden Aussehens von Peter-Bär traf er auf wenig Begeisterung in Kinderzimmern. 1974 wurden jedoch ungefähr 100 Muster in einem stillgelegten Warenhaus in Ostdeutschland gefunden. Sie waren alle tadellos erhalten, jeder in seiner Originalverpackung, was sie auf Grund ihrer Seltenheit bei Sammlern in aller Welt hoch begehrt werden ließ.

Ein weiterer Hersteller mit Sitz in Neustadt war die Petz Co., die 1921 von den Kiesewetters begonnen worden war. Die Familie war mit Conrad Reissmann verwandt, dem Gründer der Neustädter Spielzeugindustrie im 18. Jahrhundert. Zu ihren ersten Produkten gehörten Teddybären und Stofftiere aus qualitativ hochwertigem Mohair und Filz. Im Gegensatz zu vielen anderen Unternehmen fuhr Petz Co. auch nach dem Ersten Weltkrieg fort, hochwertige Materialien zu verwenden. Seit 1947 ist das Warenzeichen der Firma ein Glasknopf, auf dem in Rot das Wort »Petz« geprägt ist.

Die nächste Generation der Kiesewetters erweiterte das Sortiment und fügte der bereits etablierten Teddybär-Kollektion einen ganzen Zoo hinzu. Ihr erfolgreichstes Produkt nach dem Zweiten Weltkrieg war eine Teddybär-Schule, komplett mit Klassenraum, Lehrer und elf Schülerbären, die 1949 auf den Markt kam. Im selben Jahr besuchte die Firma ihre erste Nürnberger Spielwarenmesse, wo sie ihr eigenes Spielzeug-Magazin verteilte. 1950 wurde nach dem Erfolg der Teddybär-Schule eine Hasenversion herausgebracht.

Die Petz Co. war in der Branche hochangesehen. 1953 wurde sie um Rat für einen Bericht über gefährliches

Gegenüber: Jopi, 2oer Jahre. Ein Bär mit orange gefärbten Spitzen, der Musik machte, wenn man auf seinen Bauch drückte.

Spielzeug gebeten (in dem die Verwendung von auf Nadeln aufgesetzten Augen diskutiert wurde – Petz verwendete nur Augen, die genäht oder geklebt wurden). Leider geriet die Firma später in finanzielle Schwierigkeiten und sah sich gezwungen, die Produktion zu kürzen. Sie fertigt aber heute noch immer einige Bären.

Der Bär ohne Grenzen

Anfang der Zwanzigerjahre boomten die USA. In einem Markt, der Innovation und Unternehmergeist unterstützte, wurden jeden Tag neue Firmen gegründet. Immigranten aus der ganzen Welt strömten in das Land der unbegrenzten Möglichkeiten (von denen viele der jüngeren ihre Teddybären fest im Arm hielten) und wirkten dabei mit, eine bisher nie für möglich gehaltene Mischung der Kulturen zu erzeugen.

Doch all dies wurde abrupt im Oktober 1929 unterbrochen, als Millionen von Dollar beim Börsencrash an der Wall Street wie weggefegt waren. Banken und Unternehmen gingen in Konkurs, und während der folgenden Wirtschaftskrise stieg die Arbeitslosenzahl auf nie da gewesene 13,7 Millionen.

Obgleich die amerikanische Stofftierindustrie von dem Embargo auf importiertes deutsches Spielzeug, das während des Ersten Weltkrieges verhängt worden war, profitierte, brach die Nachfrage während der Depression fast vollständig zusammen. Die Situation verbesserte sich jedoch 1933, als neue Firmen und neue Designs im ganzen Land als Ergebnis der von Präsident Franklin D. Roosevelt erlassenen Sozial- und Wirtschaftsreformen, allgemein bekannt als der New Deal, auftauchten.

Im Jahre 1923 kam Morris Michtoms Sohn Benjamin zur Ideal Novelty Co. in New York. Während der nächsten 15 Jahre studierte er die Branche gründlich, so dass er 1938, als sein Vater starb, in der Lage war, die Führung der Firma zu übernehmen und sie mit seinen außergewöhnlichen Marketingfähigkeiten zu einem der führenden Spielwarenhersteller der Welt zu machen.

Ideal-Bären veränderten sich während der Zwanziger- und Dreißigerjahre sehr wenig. Sie blieben ungekennzeichnet, so dass Experten nach typischen Ideal-Charakteristika wie dem dreieckig geformten Kopf suchen müssen, um sie zu identifizieren. Während der Kriegsjahre waren sie unwesentlich dünner und lassen die in der Welt spürbaren Sparmaßnahmen erkennen. In den Vierzigerjahren stellte die Firma eine Kollektion von kleinen, nicht gegliederten Bären her, die mit Kapok gefüllt und mit aus Harz gegossenen Nasen versehen waren, die Vorläufer der waschmaschinenfesten »sicheren« Bären der Fünfzigerjahre.

Zu den Konkurrenten der Ideal-Bären in den Regalen der US-Spielwarenmärkte zählte Knickerbocker. Die Knickerbocker Toy Co. stellt seit 1850 in Albany, im Staat New York, pädagogisch wertvolles Spielzeug, wie Alphabetklötze aus Holz und Puzzles her. Holländische Siedler waren in New York als »Knickerbocker« bekannt, seit Washington Irvings *A History of New York by Diedrich Knickerbocker*, einem fiktiven Bericht, der von einem Holländer mit ziemlich abscheulichen aufgeplusterten Hosen erzählt wird. Während der Zwanzigerjahre wandte sich Knickerbocker der Herstellung von Stofftieren zu. Seine ersten Bären hatten dreieckig geformte Köpfe mit großen, rundlichen Ohren und leicht abgeflachten Schnauzen. Ihre Körper waren oft schlanker als die europäischer Bären derselben Zeit, und sie besaßen keine Buckel am oberen Rücken. Während der Jahre nach dem Zweiten Weltkrieg bekamen sie eingesetzte Schnauzen, die oft aus einem anderen Material als dem des restlichen Körpers gefertigt waren.

Ein Unternehmen, das jeden nur denkbaren Marketing-Trick anwandte, um die Wirtschaftskrise zu überstehen, war die Commonwealth Toy & Novelty Co. Sie produziert noch heute und wurde 1934 von einem Mr. Greenfield gegründet. Wie die Strauss Manufacturing Co. Inc., eine weitere Firma mit Sitz in New York, konzentrierte sich

Gegenüber: Peter Bär von den Gebrüdern Süssenguth, ca. 1925. Ein grimmig aussehender Bär, der wenig erfolgreich war, als er auf den Markt kam.

Oben: Feed Me Bear von Commonwealth Toy & Novelty Co., ca. 1937, mit offenem Maul – bereit, gefüttert zu werden.

Commonwealth auf Neuheiten im Bärenmarkt. Eine ihrer erfolgreichsten Kollektionen war der Feed Me Bear (Füttere mich), der 1937 eingeführt wurde. Er war vielleicht nicht der hübscheste aller Teddys, doch er gefiel Kindern enorm, weil sie ihm Dinge ins Maul stecken konnten. Wenn man an einem Faden an seinem Hinterkopf zog, öffnete sich sein Maul. Man konnte ihm Nahrung durch das metallene Maul geben und ihn durch eine hintere Öffnung wieder leeren. Diese Bären, die in den F. A. O. Schwarz-Katalogen bis zum Jahr 1941 erschienen, wurden auch häufig für die Bewerbung von Verbrauchsgütern eingesetzt und in Lebensmittelgeschäften in den ganzen USA ausgestellt. Auch die National Biscuit Co. verwendete sie, um ihre Tiercracker anzupreisen.

Wenngleich Deutschland und Großbritannien die größten Produzenten von Teddybären in Europa waren, begannen auch andere Länder auf dem Kontinent Anfang des 20. Jahrhunderts mit der Herstellung von Stofftieren. Die Franzosen waren in der ganzen Industrie für ihre mechanischen Bären und andere Tiere berühmt, sie besaßen jedoch keine Tradition für die Herstellung von Stofftieren. Während der Boomjahre des Bären importierten sie Teddys aus Deutschland, beginnend um 1908. Der Ausbruch des Krieges 1914 und die folgenden Grenzschließungen führten jedoch zu einem abrupten Ende der deutschen Importe, was sich wie ein Kickstart auf die französische Teddybär-Herstellung auswirkte.

Die ersten französischen Bären kann man für gewöhnlich auch ohne Etiketten an der handwerklich schlechten Machart erkennen. Sie wurden oft aus minderwertigen Materialien gefertigt und roh (und folglich billig) zusammengesetzt. Man fügte sie zum Beispiel häufig derb über einem System von Metallstäben zusammen, das man von außen erkennen konnte. Ihre Ohren waren oft in Löchern untergebracht, anstatt aufgenäht zu sein, und ihre Augen grob auf das Gesicht geheftet, statt mittels Drähten befestigt. Solche Exemplare stoßen heute bei Sammlern und in Auktionssälen nur auf mäßiges Interesse.

Eine der ersten französischen Firmen, die mit der Produktion von Teddybären begann, war die M. Pintel Fil & Cie. mit Sitz in Paris, die um 1918 gegründet worden war. Ihre Produkte darunter auch mechanische Puppen und Stofftiere – ziert ein mit Messing überzogener Knopf samt Logo mit zwei einander umarmenden, das sie von einer Steiff-Werbung aus dem Jahre 1906 kopiert hatte. Die ersten Pintel-Bären sind extrem elegant, mit langen, schlanken Körpern, Armen und Beinen und einem sehr leichten Buckel am oberen Rücken. Nach dem Zweiten Weltkrieg änderte sich das Design dramatisch, und sie entwickelten sich zu eher dicklichen Bären.

FADAP-Bären waren für gewöhnlich ebenfalls lang und schlank – die Nachkommen dieser beiden Firmen haben in der Tat viele Eigenschaften gemein und werden oft miteinander verwechselt. Das Unternehmen, dessen Name für Fabrication Artistique d'Animeaux en Peluche (kunstvoll hergestellte Plüschtiere) steht, wurde 1920 in Divonne-les-Bains gegründet, es besaß jedoch zusätzliche Büros in Paris. FADAP begann mit der Herstellung von Teddybären Anfang der Zwanzigerjahre, nach Entwürfen des angesehenen Illustrators Benjamin Rabier.

In der Zwischenkriegszeit führte FADAP Bären in einer Reihe von Farben und Materialien ein, von denen jeder einen geprägten Metallknopf am linken Ohr trägt. Als während des Krieges Mohair knapp war, stellte das Unternehmen eine Reihe von Bären aus Baumwollflanell her. Obwohl die Produktion nach dem Krieg weiterging, ließ die Qualität der Bären drastisch nach, wie auch die Nachfrage.

Ein dritter französischer Hersteller von Teddybären, der direkt nach dem Ersten Weltkrieg begann, war Emile Thiennot, der für Marcel Pintel gearbeitet hatte, bevor er 1919 seine eigenes Unternehmen in direkter Konkurrenz zu seinem ehemaligen Chef gründete. Er fand in der Champagne eine umgebaute Scheune für seine Firma und wählte Le Jouet Champenois (Spielwaren aus der Champagne) als Markennamen. Nur ein Jahr später, 1920, wurde ihm die Bronzemedaille von der Vereinigung der französischen Kleinunternehmer und Erfinder für seine Teddybär-Entwürfe verliehen. Emiles Sohn, André, kam 1949 zu dem Unternehmen, und über fünfzig Jahre war er sein Generaldirektor.

Der Krieg veranlasste noch ein weiteres Land, mit der Herstellung von Teddybären zu beginnen. Österreich, das mit Deutschland seit dem Anschluss vom März 1938 vereint war, wurde direkt nach dem Zweiten Weltkrieg von den Alliierten besetzt. Und in dieser Phase der Niederlage

Rechts: Petz Co., 50er Jahre. Wie alle Petz-Bären, die nach 1947 hergestellt wurden, ist dieser durch einen Glasknopf gekennzeichnet, auf dem der Name des Unternehmens steht.

erschienen die drei berühmtesten Teddybär-Hersteller des Landes: Berg, Fechter und Schwika.

Berg Spielwaren Tiere mit Herz GmbH, der vielleicht größte Teddybär-Hersteller Österreichs, der noch heute produziert, wurde 1946 in Fieberbrunn in Tirol von den Broscheks gegründet. Die Familie begann damit, Bären aus überschüssigen Armee-Materialien zu fertigen. Ihre Pelze waren aus alten Decken, Uniformknöpfe wurden für die Augen genommen, und Kistchen mit Kieselsteinen dienten als Stimmboxen. Sobald geeignetere Materialien verfügbar waren, wie Mohair und Glasaugen, wurden die Produkte

Oben: Fechter Co., 6oer Jahre. Das Firmenlogo, ein brauner Bär, ist auf einem Etikett unterhalb des linken Ohres des Teddys gedruckt.

verbessert, und die Firma expandierte.

Fechter & Co. wurde von dem Ehepaar Wilhelm und Berta Fechter 1946 in Graz, im Südosten Österreichs, gegründet. Berta hatte als Näherin von Teddybären während der Dreißigerjahre in Neustadt gearbeitet und konnte ihre Erfahrung mit verschiedenen Materialien, darunter auch überschüssige Handtücher der US-Armee, gut einsetzen. 1948 war die Firma in der Lage, deutschen Mohair zu kaufen. Die Nachfrage stieg, und schon bald vergrößerte sich das Team, das bisher nur aus Mann und Frau bestanden hatte, auf über zwanzig Angestellte. Fechter-Bären werden oft mit denen der Schwika verwechselt, einer Firma, die ihren Sitz in derselben Stadt hatte und deren Bären bemerkenswert ähnlich sind.

Die irische Spielwarenindustrie entwickelte sich auf eine etwas andere Art und Weise im Vergleich zu ihren Pendants anderswo. 1938 gründete die Gaeltacht Services Division, eine Abteilung der irischen Regierung, die Gaeltarra Eireann als ein von der Regierung finanziertes Amt, welches für die Förderung, Entwicklung und Unterstützung einer Spielwarenindustrie verantwortlich war, die neue Jobs in den ländlichen Gegenden der irischsprachigen Regionen des Landes schaffen sollte. Dem Amt wurden drei Fabriken zugewiesen: eine für Puppen, eine für Spielzeug aus Blei und eine dritte für die Herstellung von Stofftieren. Die Bären bewohnten eine Fabrik mit Sitz in Elly Bay im County Mayo und erhielten den Markennamen Erris Toys, der später in Tara Toys abgewandelt wurde.

Irland war eines der wenigen Länder, dessen Stofftierindustrie während des gesamten Zweiten Weltkrieges florierte, da es neutral war und daher die Produktion weiterführen konnte, als die meisten anderen gezwungen waren, sie einzustellen. Während dieser Zeit exportierte Irland eine große Anzahl von Bären in die ganze Welt und konnte so Aufträgen nachkommen, die ihre Mitbewerber nicht mehr zu erfüllen in der Lage waren. Die Bären ähnelten den britischen Bären dieser Zeit, wenngleich irische Bären oftmals qualitativ minderwertiger waren, da sie für das untere Marktsegment bestimmt waren. Die Bären aus den Jahren 1938 bis 1949 sind mit Etiketten mit der Aufschrift »Made in Eire« gekennzeichnet (Eire ist der Name des freien Staates Irland), während die Bären aus der Zeit nach Ausrufung der Republik im Jahre 1949 die Aufschrift »Made in Republic of Ireland« tragen.

Auf der anderen Seite des Globus war Australien während der ersten Jahre der Teddybären-Herstellung und während der Boomjahre vollständig von aus Großbritannien importierten Teddys abhängig. Der Erste Weltkrieg veranlasste die Australier, selbst mit der Herstellung von Bären zu beginnen, wenngleich das von ihnen verwendete hochwertige Mohair nach wie vor in Großbritannien gesponnen wurde. Die zwei herausragenden australischen Unternehmen, welche die Gründung einer ganzen Reihe kleinerer Unternehmen auslösten, waren die Fideston Toy Co. und Joy Toys. Die Fideston Toy Co., die behauptete, Australiens erster

Hersteller von Teddybären zu sein, wurde um 1917 von dem Ehepaar Richard und Louisa Fiddes gegründet. Das Paar betrieb ein Buch- und Musikwarenlager in Perth, Westaustralien, als Louisa bemerkte, dass es in dem Land keine Hersteller von Stofftieren und Teddybären gab, und begann, diese selbst zu produzieren. Ihre Produkte wurden schnell angenommen, und zwei Jahre später wurde die Fideston Toy Co. eingetragen, es wurde eine Fabrik in Perth gebaut und mit der Herstellung von Stofftieren im großen Stil begonnen.

Ein weiteres Ehepaar zeichnete für die Gründung von Joy Toys Anfang der Zwanzigerjahre verantwortlich. Mit finanzieller Unterstützung ihres Freundes Daryl Lindsey begannen Mr. und Mrs. Gerald Kirby in South Yarra, im Bundesstaat Victoria, Teddybären herzustellen. Während der ersten zehn Jahre seines Bestehens stellte das Unternehmen qualitativ hochwertige gegliederte Bären her, für die es britisches Mohair einsetzte. Während der Dreißigerjahre zog es jedoch billigere Herstellungsmethoden vor, zu denen ein fest fixierter Kopf (die meisten Bären besitzen bewegliche Köpfe) zählt. Dieses Unterscheidungsmerkmal kann eingesetzt werden, um Joy Toy-Bären zu identifizieren, wenn das Etikett fehlt. Weitere Charakteristika sind eine etwas ungewöhnliche, gestickte Nase – die oftmals etwas größer ist als erforderlich, und bei der die Stiche am jeweiligen Ende länger sind als der Rest – und Arme, die in spitzen Pfoten zulaufen.

In den Jahren 1920 bis 1949 wurde der Teddybär zum beliebtesten Spielzeug der Welt. Es überrascht daher nicht, dass seine Entwicklung während dieser Zeit eng mit den dramatischen Ereignissen dieser Ära verbunden ist, darunter die Wirtschaftskrise, Krieg und Besatzung. Es kennzeichnet die Unverwüstlichkeit des Teddybären, dass diese Ereignisse, anstatt das junge Spielzeug zu vernichten, neue Hersteller rund um die Welt hervorbrachten.

Einige von ihnen sollten nur eine kurze Lebensdauer haben, andere dagegen sollten die Vorherrschaft der traditionellen Hersteller herausfordern.

Unten: Schwika, 6oer Jahre. Bei den Bären dieser Firma wurde ein geprägter Metallknopf über ein Stück rote Schnur an das linke Ohr angenäht.

Bären in der Literatur

Bücher und Comics mit Bären als Hauptfiguren waren während dieser Zeit sehr beliebt, und so erschienen dann auch zwei der berühmtesten Teddies: *Rupert Bear* wurde von Mary Tourtel 1920 für den Daily Express geschaffen, und A. A. Milnes *Winnie the Pooh* wurde 1926 veröffentlicht. Gwynedd Raes erstes Buch über Mary Plain erschien 1930, und auch andere Teddybären tauchten in Romanen auf, darunter Aloysius, Sebastian Flytes Bärenfreund aus Evelyn Waughs Roman *Wiedersehen mit Brideshead* (1945).

Der berühmteste Bär, der während der zweiten Hälfte des 20. Jahrhunderts auf der Bildfläche erschien, war Michael Bonds Paddington. Sein Erfolg war möglicherweise der Anlass für die Erschaffung von drei neuen Bärenfiguren, die alle Ende der Sechzigerjahre geboren wurden. Corduroy und die Gretz–Bären erschienen beide 1968 zuerst in den USA, während Bussi Bär im folgenden Jahr in Deutschland auf den Markt kam.

❶ *Michael Bonds originale Paddington-Geschichten wurden von Peggy Fortnum illustriert. Auf Grund der steigenden Nachfrage nach Abbildungen des Bären haben ihn jedoch auch andere Künstler gezeichnet. Obgleich sich die Paddingtons eines jeden Künstlers leicht unterscheiden, sorgen der Hut des Bären, sein Dufflecoat und die Wellingtonstiefel dafür, dass er unverwechselbar bleibt. 1964 erschien die erste von 14 eigens geschriebenen Geschichten von Paddington in einem Blue-Peter-Jahrbuch. Die hier abgebildete Illustration von Harry Hargreaves enthüllt ihre Verbindung mit dem BBC-Kinderprogramm (›bloo Peter bBc‹). Sie verdeutlicht auch eine der größten Leidenschaften des Bären: Marmeladenbrote.*

❷ *Diese Assemblage von Erinnerungsstücken aus der ersten Zeit des Teddybären umfasst drei Bücher aus der Roosevelt-Bear-Serie von Seymour Eaton:* The Roosevelt Bears – Their Travels and Adventures *(1906),* More About the Roosevelt Bears *(1906) und* The Bear Detectives *(1908). Die Bücher waren eine Zusammenfassung von Geschichten, die zum ersten Mal in verschiedenen Zeitungen in den USA erschienen waren, und zählten zu den ersten, die von der Teddybär-Manie, die über das Land hinwegfegte, profitierten. Darüber hinaus sind Postkarten und Fotografien von Teddybären dargestellt sowie Kinderbücher und ein Winnie the Pooh-Brettspiel aus den Dreißigerjahren, das von der English Teddy Toy Co. hergestellt wurde (in den USA von Parker Bros.).*

3

❸ Wie auch die Roosevelt-Bären erschien Rupert zum ersten Mal in einer Zeitung. Seine Abenteuer wurden in einer Reihe von Bildern mit einem sich reimenden Text erzählt. In der dargestellten Sequenz ist der Bärenjunge, der das Gute, Gehorsam und Rücksicht auf andere verkörpert, von seiner letzten Eskapade nach Hause zurückgekehrt. Seine hingebungsvolle Mutter hilft ihm in seinen Pyjama. Rupert sagt seinem Nachbarn, Bill Badger, gute Nacht und klettert müde ins Bett.

❹ Diese Illustration von E. H. Shepard zeigt Pooh und Piglet auf einem Tor sitzend und ein besonderes Lied singend, das draußen im Schnee gesungen werden muss und mit den Worten »The more it SNOWS-tiddely-pom…« beginnt. Es erschien in The House at Pooh Corner (1928), A. A. Milne's Hörspielfolge zu dem enorm beliebten Winnie the Pooh.

❺ Evelyn Waugh schrieb Wiedersehen mit Brideshead zwischen Dezember 1943 und Juni 1944, als er sich im Heimaturlaub von einem Fallschirmunfall erholte. Als der Roman im folgenden Jahr veröffentlicht wurde, traf er für Tausende von Lesern, die ebenfalls den Verlust eines goldenen Zeitalters spürten, den richtigen Nerv. In seinem Vorwort zu der überarbeiteten Ausgabe von 1960 beschreibt Waugh, wie der Roman ihn »die Wertschätzung kostete, die ich einst unter meinen Zeitgenossen genoss und mich in die unbekannte Welt der Fanpost und Pressefotografen führte«. Unten abgebildet sind Antony Andrews und Jeremy Irons, die Stars der Granada-TV-Verfilmung, zusammen mit Aloysius – Sebastian Flytes unberechenbarem Teddybären.

5

4

Kapitel 4

DER BÄR BOOMT

(1950–1964)

Oben: Die sich wandelnde Form des klassischen Steiff-Bären von 1910 bis 1950.

In den Fünfziger- und Sechzigerjahren erhöhte sich der Lebensstandard in der westlichen Welt wie nie zuvor. Gleichzeitig stieg die Geburtenrate auf ebenso erstaunliche Weise. Die Merkmale des »Wandels des amerikanischen Marktes« wurden von Gilbert Burck und Stanford Parker in einer Reihe von zwölf Artikeln festgestellt, die zwischen 1953 und 1954 im Magazin *Fortune* veröffentlicht wurden, und die sich wie folgt zusammenfassen lassen:

»Sie [die Reihe] hat den unvorhergesehenen und erstaunlichen Anstieg der amerikanischen Geburtenrate analysiert. Sie hat den nie da gewesenen Aufschwung im Lebensstandard des Volkes sowie den einer immer größeren, wohlhabenderen, sich ähnelnden und doch immer vielfältigeren ›breiten, neuen vermögenden Mittelklasse‹ belegt. Sie hat die wirtschaftliche Bedeutung der unglaublichen Popularität des Lebens in den Vororten beschrieben. Und sie hat individuelle Märkte untersucht, sowohl gegenwärtige als auch zukünftige, für Autos, Häu-

ser, Lebensmittel, Haushaltsgeräte, Kleidung, Luxusartikel und Freizeitausgaben.«

Mehr Babys und ein höheres verfügbares Einkommen mussten für die Spielwarenindustrie gut sein, doch die Konkurrenz untereinander war so hart wie eh und je. Schließlich war dieses die Zeit, in der Barbie eingeführt wurde (1959) und G. I. Joe (1964) oder Action Man (1966). Teddybären wurden von vielen schon als traditionelles Spielzeug angesehen, das von den Eltern geliebt und daher für die nach Neuerungen hungernde junge Generation nicht mehr ganz so attraktiv war. Die Branche musste schnell reagieren, um eine Kollektion von Bären zu präsentieren, welche die Bedürfnisse des Zeitalters befriedigen würde. Steiff in Deutschland wies den Weg.

Die ersten Anzeichen einer internationalen Erholung waren in Deutschland Anfang der Fünfzigerjahre erkennbar, aber das Ausmaß des Wirtschaftswunders, das sich dort entwickelte, lag jenseits aller Vorstellungskraft. Zwischen 1950 und 1964 wuchs das Bruttosozialprodukt Westdeutschlands schneller als das jedes anderen europäischen

Rechts: Zotty von Steiff, 50er Jahre.
Selbst wenn er nicht die Plakette trüge,
könnte man ihn an seinem einzigartigen
pfirsichfarbenen »Lätzchen« erkennen.

Landes. Die Produktion versechsfachte sich in demselben Zeitraum; der Außenhandel verdoppelte sich zwischen 1949 und 1950 und verdreifachte sich zwischen 1954 und 1964.

Das Unternehmen Steiff wusste, dass es, wenn es an diesem Aufschwung teilhaben wollte, seine Kollektion auf den neuesten Stand bringen musste. Es entfernte sich von den traditionellen Designs Richard Steiffs, die heute hoch geschätzt sind, hin zu einem moderneren, klassischen Teddybären. Der 1950 eingetragene und im nächsten Jahr auf der Nürnberger Spielwarenmesse angebotene Teddybär mit dem neuen Look war entschieden mehr ein Bärenjunges als ein Grizzlybär. Vielleicht hatte Steiff erkannt, dass die Kinder schneller erwachsen wurden: Immer weniger Zehnjährige waren bereit zuzugeben, dass sie ihren alten Freund liebten (jedenfalls nicht, bevor die Lichter ausgingen), so dass man sich an eine jüngere Zielgruppe wenden musste. Während der Fünfziger und Sechzigerjahre wurde der Kopf des klassischen Teddybären runder und größer im Verhältnis zu dem Rest seines Körpers, seine Schnauze war weniger ausgeprägt, und sein Fell wurde oft kurz geschoren, sein Körper wurde dicker und sah jugendlicher aus, und seine Glieder waren in ihrer Länge und Form weniger übertrieben.

Im folgenden Jahr führte Steiff Zotty ein, dessen Name sich von zottig ableitet. Der original Zotty war mit langem, lockigem Mohair mit braunen Spitzen bedeckt. In sein Brustfell war ein pfirsichfarbenes Plüschstück, eine Art Lätzchen, eingesetzt. Wie sein Vorgänger Teddy-Baby zeigten seine Filzpfoten nach unten, und sein Maul war offen und mit Filz ausgekleidet. Es gab außerdem einen wesentlich weniger beliebten Sleeping oder Floppy Zotty,

Links: Hermann & Co., Tanzender Bär, 6oer Jahre. Trotz seiner Kette verrät dieser bewegliche Tanzbär den Einfluss von Steiffs Zotty.

der in liegender Haltung und mit geschlossenen Augen gefertigt wurde. Die Idee, die hinter Zotty stand, war, einen viel weicheren Spielkameraden für kleine Kinder herzustellen, einen unentbehrlichen Freund für die Kindheit, den man fest halten und trösten und der seinerseits trösten konnte.

Zotty war enorm erfolgreich und wurde von vielen anderen deutschen Firmen imitiert, darunter Gebrüder Hermann & Co., Hans Clemens und Hugo Koch, die alle während dieser Zeit struppige Bären mit offenen Mäulern produzierten. Die von den Gebrüdern Hermann hergestellten Bären waren besonders ähnlich und werden heute oft mit Steiff-Bären verwechselt. Die Hermann-Bären können anhand des fehlenden pfirsichfarbenen Lätzchens und einer charakteristischen Fallmasche auf jeder Seite der Nase identifiziert werden.

Während dieser Zeit, in der Neuheiten bei Bären beliebt waren, wurden auch Steiff-Bären mit Uhrwerk-Mechanismus entwickelt. Zwischen 1950 und 1961 hatte das Unternehmen Musikbären im Angebot, die eine Melodie spielten, wenn man einen Schweizer Schlüsselmechanismus aufzog. Im Jahre 1951 führte Steiff dann den Purzel-Bären wieder ein, der zuerst 1909 erschienen und bis 1939 produziert worden war. Das neue Modell, das 15 cm hoch war und den Namen Turbo-Bär trug, traf auf mäßige Begeisterung, so dass nur 814 Stück davon produziert wurden, bevor er 1953 wieder vom Markt genommen wurde. Eine kleinere Ausführung von nur 12 cm Größe wurde ebenfalls entwickelt, schaffte es jedoch nur in die Archive.

Steiff besaß eine Tradition, wichtige Daten seiner Geschichte hervorzuheben, und patentierte am 27. März 1953 Jackie, der anlässlich des 50. Geburtstages des Teddybären entworfen worden war. Für dieses gewinnende Bärenjunge wurden traditionelle Materialien verwendet. Es war jedoch wesentlich runder und besaß kürzere Glieder und sanftere Gesichtszüge als selbst der Teddybär der 1950er. Jackie, den

es in vier verschiedenen Größen gab, und besaß zwei einzigartige Charakteristika, die ihn von anderen Bärenjungen unterschieden: eine Linie waagerechter rosafarbener Stiche quer über der Nase und einen Bauchnabel aus dunkelbrauner Farbe, der auf das Fell seines Unterleibes gesprüht war.

Oben: Jackie von Steiff, 1953, mit dem Originalbüchlein anlässlich des 50. Geburtstages des Teddybären.

1958 feierte die Firma ein weiteres großes Ereignis in der Geschichte des Bären – den 100-jährigen Geburtstag Theodore Roosevelts. Um den US-amerikanischen Präsidenten zu ehren, produzierte Steiff ein Ausstellungsstück, eine lebensgroße Puppe, die Roosevelt hoch zu Pferde darstellte. Diese wurde beim ersten Bärenfestival in Giengen, Steiffs Heimatstadt, auf einem

Festwagen gezeigt. Neben der Parade zählten eine Wanderausstellung von Roosevelt-Memorabilia und ein Kinderfest zu den Attraktionen. Eine eigens angefertigte Broschüre ziegte die Roosevelt-Puppe, umringt von Nimrod-Bären, einer 1953 erstmals hergestellten Teddyart, die Jagdkleidung und ein Holzgewehr trug. Gäste jeden Alters aus den USA wurden eingeladen mitzumachen – ein Ereignis, das Tausenden Vergnügen bereitete und das Ansehen des Steiff-Bären weiter steigen ließ.

Obgleich die meisten deutschen Firmen Steiff darin folgten, sanftere und knuddeligere Teddybären herzustellen, ließen sich nur wenige von der Vergangenheit inspirieren. Im Jahre 1954 kaufte Ernst Bäumler die Firma Johann Hermann Nachf., das original Hermann-Unternehmen, das 1913 in Sonneberg gegründet worden war, nun jedoch seinen Sitz in München hatte. Durch den Kauf der Firma, die er in Anker Plüschspielwarenfabrik umbenannte, »erbte« er auch sämtliche Modelle und Entwürfe, Arbeiter und Maschinen. Seine Geschäftspartnerin war Gisela Diehl, Ehefrau von Ernst Diehl, einem Comiczeichner, und Schwägerin von Ferdinand Diehl, der den beliebten Zeichentrickigel Mecki erfand (seit 1951 von Steiff als Plüschtier hergestellt). Die beiden Partner trennten sich jedoch schon bald, und Ernst Diehl engagierte sich aktiv bei Anker und beeinflusste das Unternehmen dahingehend, wieder zu der klassischen Hermann-Bären-Kollektion zurückzukehren. Zu diesen Designs kamen solche Charaktere wie Mufti, der lachende Esel, und Drolli, der groteske Bär. 1957 hatte sich das zuerst verwendete Markenzeichen, ein Anker mit einem Bären, zu einem Anker mit einem Löwen gewandelt.

Links: Nimrod von Steiff, 1953. Dieser Jägerbär wurde in limitierter Auflage hergestellt, um den fünfzigsten Jahrestag seit dem Verkauf des ersten Teddybären zu feiern.

Kataloge aus dieser Zeit zeigen eine große Zahl verschiedener Bären und anderer Tiere.

Sicherheitsbewusstes Großbritannien

Während der ersten Hälfte des 20. Jahrhunderts befasste sich die Spielwarenindustrie zunehmend mit Sicherheit und Hygiene. Sobald die Existenz von Keimen entdeckt worden war, machten sich Eltern Sorgen, was wohl in dem Fell des knuddeligen Begleiters ihres Kindes lauern möge. Philippa Waring beschreibt in ihrem Buch *In Praise of Teddy Bears* (Ein Hoch auf Teddybären), wie diese Ängste viele Eltern dazu veranlassten, »Teddybären aus dem Verkehr zu ziehen, die dann als Gefahr für die Gesundheit heimlich in den Müll geworfen wurden (›Teddy ist weggegangen, um gegen den bösen Mr. Hitler zu kämpfen‹)«. Eine Auswirkung dieser Taktik war, dass die wenigen Bären, welche die mehr als zärtliche und manchmal abnutzende Aufmerksamkeit ihrer Besitzer und die Anschläge auf ihr Leben seitens deren Eltern überlebten, heute oft sehr wertvoll sind.

Die Person, die mehr als jede andere dafür getan hat, die Sicherheit der Bären zu verbessern, war Wendy Boston. In ihrer Kindheit war das Herstellen von Stofftieren Wendys Hobby gewesen, und als ihr Ehemann, Ken Williams, 1945 aus dem Krieg zurückkehrte, begannen sie mit ihrer eigenen Stofftierfabrikation in Crickhowell, in Südwales. Drei Jahre später ließen sie sich ihr erstes Sicherheitsauge zum Einschrauben patentieren, das durch eine rostfreie Mutter hinter dem Plüsch befestigt wurde. Es sollte Unfälle verhindern, bei denen kleine Kinder an Stiefelknöpfen oder anderen aufgenähten Augen fast erstickten.

Wendy Bostons berühmtester Beitrag zur Welt der Spielwaren bedurfte weiterer neun Jahre der Entwicklung; 1954 brachte sie probeweise den ersten vollständig waschbaren Teddybären in den Handel (es dauerte eine Weile, bis nach der Erfindung von Nylon 1935 die ersten hochwertigen synthetischen Materialien auf den Markt kamen). Der nicht gegliederte Bär mit seinen verbesserten Sicherheitsaugen war aus Nylonplüsch gefertigt und mit einer Füllung aus Schaumgummi ausgestopft. Das Etikett empfahl, ihn in »lauwarmem Seifenwasser (zu) waschen«. Als die Bären 1955 auf BBC beworben wurden, erwiesen sie sich als extrem beliebt. Sie wurden schnell imitiert. Ein typisches Identifizierungsmerkmal der Wendy Boston-Bären ist jedoch das Design der Ohren, die oft aus dem selben Stück Stoff wie der Kopf gefertigt waren, so dass der Bär gegebenenfalls

Links: Ted von Wendy Boston, 1963. Ein Bär der neuen Generation kindersicherer und hygienischer Bären, waschbar und mit geschraubten Augen.

Rechts: Merrythought Ltd.,
Cheeky, ca. 1957, ein neu-
artiger Bär, der im Aussehen
an Comicfiguren erinnert.

auf der Wäscheleine trocknen konnte, ohne den Verlust des Ohres befürchten zu müssen.

Im Jahre 1960 änderte das Unternehmen seinen Namen in Wendy Boston Playsafe Toys Ltd., und vier Jahre später produzierte es 25 Prozent der Teddybär-Exporte des Landes. Obwohl in der Herstellung der Schwerpunkt auf diesen neuen Bären lag, stellte das Unternehmen weiterhin traditionelle gegliederte Mohairbären her.

Wie Steiff in Deutschland reagierte auch Merrythought auf die Nachfrage des neuen Marktes, indem es eine Reihe von Bärenneuheiten herstellte, die eine neue Generation von Kindern ansprechen sollte. Um die gestiegene Nachfrage nach Spielwaren zu befriedigen, erweiterte das Unternehmen die bestehende Fabrik in Ironbridge und installierte eine automatische Füllmaschine (das Ausstopfen mit der Hand wurde jedoch nicht gänzlich aufgegeben und kommt heute noch zur Anwendung).

1953 stellte Merrythought einen rot-weiß-blauen Bären her, um die Krönung Königin Elizabeths II. am 2. Juni zu feiern, genauso wie Farnell einen ähnlichen Bären kreiert hatte, als ihr Vater 16 Jahre zuvor gekrönt wurde. Im Jahre 1957 brachte es schließlich eine seiner erfolgreichsten Serien dieser Zeit auf den Markt – Cheeky. Dieser Bär, der seinen Namen auf Grund seines breiten, schelmischen Lächelns erhielt, besaß einen sehr runden Kopf mit einer breiten Stirn. In eines seiner Ohren, die ebenfalls sehr groß waren und weit unten am Kopf saßen, war eine metallene Glocke genäht, die klingelte, wenn man den Bären bewegte. Cheeky wurde zuerst aus Mohair oder künstlichem Seidenplüsch hergestellt, 1960 wurde der Kollektion jedoch auch eine Version aus Nylonplüsch hinzugefügt.

Merrythought erkannte schnell die Bedeutung einer gezielten Verkaufspolitik für die Spielwarenindustrie und stellte Mitte der Fünfzigerjahre Stofftiere her, die Figuren des britischen Comics Robin darstellten, darunter einen Bären. Einer dieser kleinen Bären, der mit einer roten Filzjacke bekleidet und als Mr. Whoppit bekannt ist, wurde zum Maskottchen des britischen Auto- und Schnell-

bootfanatikers Donald Campbell – der ursprüngliche Name des Charakters schrieb sich Woppit, Campbell fügte jedoch ein »h« hinzu (»whoop« bedeutet Freudenschrei oder Schlachtruf). Gemeinsam brachen sie mit einer Fahrzeugserie namens Bluebird sieben Mal den Geschwindigkeitsrekord zu Wasser und erreichten 1964 auf dem Lake Dumbleyung in Australien in einem Turbojet-Gleitboot 444,7 Stundenkilometer. Im selben Jahr brachen sie mit 648,7 Stundenkilometern auch den Geschwindigkeitsrekord

Oben: Mr. Whoppit von Merrythought Ltd., ca. 1956, zusammen mit einem Foto von Donald Campbell, auf dem er den Bären in der Hand hält.

Oben: **Toffee von der Chad Valley Co. Ltd., 1953, wie er im BBC-Radio erschien.**

zu Land auf den Lake-Eyre-Salzseen in Australien. Sie überlebten diverse spektakuläre Unfälle, Campbells Glück verließ ihn jedoch am 4. Januar 1967. Ein neuer Weltrekord war auf Coniston Water im englischen Lake District in Sicht, bei einem Rennen von schätzungsweise 466,7 Stundenkilometer. Doch auf dem Rückweg ereignete sich die Katastrophe, als der Bug des *Bluebird* hochstieg und mit Campbell und Mr. Whoppit im Innern bei 482,8 Stundenkilometern in die Tiefen tauchte.

Campbells letzte Worte, die man über Funk hörte, waren: »Sie wandert ... das Wasser ist nicht gut ... ich kann nicht viel sehen ... ich gehe ... ich bin auf dem Rücken ... ich bin weg.«

Bis 2001 konnte die *Bluebird* in den Tiefen von Coniston Water nicht geortet werden, aber Mr. Whoppit schwamm ein paar Minuten nach dem Aufprall auf der Oberfläche – seine Kapok-Füllung gab ihm Auftrieb. Die Karriere des Teddybären endete nicht dort. Campbells Tochter Gina führte die rekordbrechende Tradition fort, und Mr. Whoppit wurde ihr Maskottchen. Es begleitete sie, als sie 1984 im englischen Holme Pierrepont den Rennboot-Rekord der Frauen brach und 197,70 Stundenkilometer erreichte, und erneut, als sie 1990 in Karapiro, Neuseeland, den Geschwindigkeitsrekord der Frauen zu Wasser aufstellte und 251,77 Stundenkilometer erreichte. Seit kurzem führt Mr. Whoppit ein etwas ruhigeres Leben mit Gina und wirbt für Wassersicherheit in Neuseeland. Die Narben seiner Abenteuer aus der Vergangenheit sind jedoch zu sehen – seine original blauen Filzschuhe wurden bei dem tödlichen Unfall beschädigt und mussten repariert werden. Auf seiner roten Jacke ist außerdem ein *Bluebird* eingestickt, ein Symbol, das von Donald Campbell während ihrer glorreichen gemeinsamen Tage hinzugefügt wurde.

Auch Chad Valley war begierig, seine Produkte mit Stars aus dem Fernsehen oder Radio zu verbinden. 1952 sicherte sich die Firma die Rechte, Sooty-Fingerpuppen herzustellen, benannt nach einem kleinen Bären, der kurz davor stand, in Großbritannien sehr berühmt zu werden (J. K. Farnell, Deans und H. G. Stone produzierten zu dieser Zeit alle Teddybär-Handpuppen, doch Merrythought stellte seine Version von Sooty erst 1960 her). Im Jahre 1948 hatte ein Amateurzauberer, Harry Corbett, eine Teddybär-Handpuppe gekauft, um seine Kinder zu unterhalten, als sie in Blackpool im Urlaub waren. Die Puppe, die sie Teddy nannten, wurde schon bald Teil von Harrys Zauberdarbietungen. 1952 führte sein Erfolg in der *Talent Night* des BBC-Fernsehens zu regelmäßigen Auftritten in der

Kindersendung *Saturday Special* des Senders. Zu diesem Zeitpunkt erhielt Teddy eine Generalüberholung – seine Nase und Ohren wurden schwarz gefärbt und sein Name in Sooty (»schwarz von Ruß«) geändert. 1955 erhielt er seine eigene Sendung, *The Sooty Show*, bei der er zwei Jahre später Gesellschaft von Sweep the Dog bekam. Sooty erhielt 1964 eine Freundin, Soo the Panda. Die beiden durften sich jedoch im Fernsehen nie berühren. Harry Corbett starb 1975, doch im folgenden Jahr wurde Harrys Sohn Matthew Sootys Partner im Showgeschäft. Sooty, Sweep und Soo wurden 1996 für 1,4 Millionen britische Pfund an die Handelsbank Guiness Mahon verkauft, um sie nunmehr im noch größeren Stil zu vermarkten.

Im Jahre 1953 nutzte Chad Valley den Erfolg von Sooty, indem es Toffee produzierte, den Teddy mit Persönlichkeit, dessen Abenteuer im BBC-Radioprogramm *Listen with Mother* geschildert wurden. Der Chad Valley-Bär trug einen Hut mit Bommel und einen Schal. Auch J. K. Farnell stellte eine Variante von Toffee her, die 1960 erschien und zunächst nicht bekleidet war.

Chad Valley wurde 1950 eine Aktiengesellschaft, ein taktischer Schachzug zur Erhöhung der Einnahmen, was seine Möglichkeiten, bestehende Firmen aufzukaufen und dadurch weiter zu wachsen, erhöhte. Die nächste auf der Einkaufsliste war Hall & Lane Ltd. aus Birmingham, ein Hersteller von Metallspielwaren, den Chad Valley 1951 kaufte. 1954 wurde Robert Bros. aus Gloucestershire geschluckt, ebenfalls ein Hersteller von Metallspielzeug, sowie ein weiteres Metallspielzeugunternehmen, Acme Stopper & Box Co. Ltd. aus Birmingham, das 1958 in den Besitz von Chad Valley kam. Als das Unternehmen 1960 sein einhundertjähriges Bestehen feierte, beschäftigte es über 1000 Arbeiter in sieben Fabriken.

H. G. Stone & Co. Ltd. war für eine weitere viel geliebte Figur des Kinderprogramms verantwortlich: Eine seiner Chiltern-Bären stieg in den Sechzigerjahren aus dem Nichts zu einem Star auf. Wie er zu seiner Berühmtheit kam, sowie einige seiner Abenteuer sind nachfolgend

von dem verstorbenen Fotografen Patrick Matthews beschrieben:

»Der Name ›Teddy Edward‹ ist über 34 Jahre alt, und während dieser Zeit hat er seinen Ruf als einer der meist gereisten Teddybären der Welt begründet. Er war in Timbuktu in der Wüste Sahara, in Kathmandu auf dem Weg zum Everest und auf dem Grund des Grand Canyon sowie in New York City und vielen europäischen Ländern, darunter die griechischen Inseln.

Doch wie fing es an?

Ich arbeitete zusammen mit Cecil Beaton an einem Fotoprojekt in seinem Garten in Wiltshire und machte ein

Unten: Fotografie von Teddy Edward in der Wüste Sahara für die Fernsehserie »Watch with Mother«.

Foto seiner Katze Timothy White, wie sie in einem Nessel-beet sitzt. Vergrößert und gerahmt hängten wir es in das Zimmer unserer dreijährigen Tochter. Dabei kam Mollie [Patricks Frau] auf die Idee, ein paar von Sarahs Stofftieren zu fotografieren, um sie neben Timothy White an die Wand zu hängen. Von da an war der nächste Schritt, einfache Geschichten über Teddy Edward, Snowy Toes, den Panda, Bushy, das Buschbaby, und Jasmine, ihren Hasen, zu schreiben. (…)

Wir produzierten 19 Buchtitel, zuzüglich der Nach-drucke, zwölf Filme für die BBC-Serie *Watch with Mother*, die von Richard Baker erzählt wurden, Postkarten, Puzzles etc. sowie zwei Jahre lang das *See-Saw*-Magazin, das jede Woche eine Fotostory über Teddy Edward brachte.

In den ersten Büchern, die überwiegend schwarz-weiß waren, ging es um Kinderferien an der See (Cornwall und Norfolk), auf einer Farm in Dorset und später weiter weg in Frankreich, Spanien und Griechenland.

In der Sahara reisten Teddy Edward und ich 800 Kilo-meter weit entlang des Flusses Niger in einem Einbaum [einem ausgehöhlten Baumstamm, der als Boot dient] und schliefen jede Nacht draußen unter unglaublich hellen Sternen. Ich fuhr mit meiner Tochter Sarah, die nun erwachsen ist, nach Indien auf dem Weg zum Everest, wo wir auf 4000 Meter Höhe in einem von Japanern geführten Hotel übernachteten, das uns eine eindrucksvolle Erinnerung an die glutrote Spitze des Everest schenkte, das letzte Licht, das wir in jener Nacht sahen, das Dach der Welt. Das war der höchste Ort in der ganzen Welt, der Grand Canyon einer der tiefsten. Mollie und ich buchten einen Ritt auf Eseln zum Boden des Canyons, um die Nacht auf der Phantom Ranch zu verbringen. Das amerikanische Mädchen, das unsere Buchung entgegen-nahm, erzählte uns, sie sei vor einigen Wochen in London gewesen und habe sämtliche Teddy Edward-Bücher gekauft und sei nun entzückt, ihn persönlich kennen zu lernen. Entzückt mag nicht das Wort gewesen sein, das Teddy Edward verwendete, um den Trip zum Boden des Canyons

zu beschreiben, da er in der Satteltasche des Reiseleiters sitzen musste, aber er erhielt ein Zertifikat dafür, dass er es nach unten und zurück geschafft hat.

Teddy Edward wurde immer in natürlicher Haltung und in Situationen fotografiert, die Kinder verstehen können, und wir haben ihn nie absichtlich herausgeputzt, auch nicht seine Freunde. Nur in den Bergen trägt Teddy Edward, um sich vor der Kälte zu schützen, stolz seinen nepalesischen Mantel, der ihm von seinem Pandafreund Domtuk (der Zwilling von Snowy Tows) geschenkt worden war, der auch so einen trägt.

Peter Bull [ein Schauspieler, Bärensammler und der Autor von *Bear with Me*] wurde ein Freund und erwähnte Teddy Edwards in seinen Büchern, und auch Colonel »Bob« Henderson [der Präsident des Teddy-bärclubs] war ein großer Bewunderer. Er wollte, dass ich Good Bears of the World übernehme [eine wohltätige Einrichtung, die Teddys für Kinder im Krankenhaus zur Verfügung stellt], als es für ihn eine zu große Verpflichtung zu werden begann. Leider war ich zu beschäftigt, um das tun zu können.«

Gegenüber: Harry Hargreaves Zeichnung zeigt Paddington, umgeben von all seinen Lieblingssachen, am Weihnachtsmorgen.

Im Dezember 1996 wurde Teddy Edwards bei Christie's in London versteigert. Er wurde an Yoshihiro Sekiguchi, den Präsidenten des japanischen Spielzeug-Unternehmens Sun Arrow, für 34500 britische Pfund verkauft und wird nun in einem seiner Teddybärmuseen ausgestellt.

Am Weihnachtsabend des Jahres 1956 ging ein junger Kameramann namens Michael Bond in einem Londoner Kaufhaus ein Geschenk für seine Frau einkaufen. Wie er sich in *Something About the Author* erinnert: »In einem der Regale sah ich einen kleinen Bären liegen, der, wie ich fand, sich selbst bedauerte, da er der einzige war, der nicht verkauft worden war. Ich kaufte ihn, und wir tauften ihn, da wir zu der Zeit in der Nähe von Paddington Station lebten, auf den Namen Paddington.« Einige Tage später saß Michael Bond an seiner Schreibmaschine auf der Suche nach einer Geschichte, die er zu schreiben versuchte, als

Rechts: Tru-to-Life von Deans
Rag Book Co. Ltd., ca. 1955.
Ein realistisch aussehender Bär,
dessen Design das Ergebnis
gewissenhafter Recherche war.

er den Bären bemerkte und sich durch ihn zu den ersten Zeilen von *A Bear called Paddington* inspirieren ließ: »Mr. und Mrs. Brown trafen Paddington zu ersten Mal auf einem Bahnsteig. Tatsächlich kam er auf diese Weise zu einem so ungewöhnlichen Namen für einen Bären, denn Paddington war der Name des Bahnhofs.«

Von dem Tag an, an dem es veröffentlicht wurde, war das Buch über einen struppigen, kleinen Bären mit Wellington-Stiefeln und einem Duffle-Coat augenblicklich ein Erfolg. Die Geschichte, wie er von den Browns gefunden wurde, als er auf einem Koffer in der Nähe des Fundbüros saß, mit einem Schild um den Hals, auf dem stand »Ein Bär mit Namen Paddington«, wurde in über 30 Sprachen übersetzt. Es folgten zehn weitere Bücher sowie eine Kurzgeschichtensammlung, Dutzende von Bilderbüchern, ein Zeichentrickfilm für das Fernsehen und diverse Stofftiere. Heute ist er wahrscheinlich – nach Pooh dem Bären – der zweitberühmteste Bär der Welt.

Das Interesse der Dreißiger und Vierzigerjahre des 20. Jahrhunderts an Pandas und Eisbären machte deutlich, dass es eine Nachfrage nach lebensechten Bären gab, und 1955 versuchte Dean's Rag Book Co. darauf aufzubauen, indem es ein realistisch aussehendes Grizzlybär-Junges herstellte. Es ist als Tru-to-Life (Lebensecht) bekannt und war die Idee von Sylvia Wilgoss, die dem Dean's Design-Team 1952 beitrat und eng mit dem Chefdesigner Richard Ellet zusammenarbeitete, dessen Nachfolgerin sie 1956 wurde. Tru-to-Life wurde nach ausgiebigen Studien des nordamerikanischen Grizzlybären entworfen und war ein nicht gegliederter Bär, der sitzen, stehen oder mit Hilfe eines Halsbandes und einer Leine sogar auf allen Vieren gehen konnte. Er war ein sehr natürlich aussehender Bär, obwohl er aus den neuesten Materialien gefertigt war. So besaß er ein Fell aus Acrylplüsch, rosafarbene Gummitatzen sowie eine gegossene Gumminase, die auf einer weißen Schnauze aus Acrylplüsch saß. Eine weiße Ausführung von Tru-to-Life, die einem jungen Eisbären bemerkenswert ähnlich war, wurde ebenfalls hergestellt. Die Liebe zum Detail bei ihrer

Ausführung und ihre relative Seltenheit bedeutet, dass beide Bären bei Sammlern heute hochgradig gefragt sind.

New Look-Bären in den USA

Die USA waren die treibende Kraft, die in den Fünfzigerjahren hinter dem Bedürfnis des Westens nach Wandel stand. Der US-amerikanische Markt war zu dieser Zeit in höchstem Maße innovativ. Diejenigen Unternehmen, welche die nächsten 20 Jahre überleben und wachsen sollten, machten sich die neuesten Materialien und Entwürfe zu Eigen und erkannten die Bedeutung, die Film

Links: Knickerbocker Toy Co. Inc., 50er Jahre. Der große Kopf und die großen Augen dieses Bären verleihen ihm ein babyähnliches Aussehen. Der Overall ist nicht original.

und Fernsehen auf die Kultur der Nation hatten – viele der erfolgreichsten Teddybären dieser Zeit besitzen ein comicähnliches Aussehen.

Ein Unternehmen, das von Erfolg zu Erfolg eilte und das noch heute floriert, war die Gund Manufacturing Co. Sie wurde 1898 von dem deutschen Einwanderer Adolph Gund gegründet und hatte ihren Sitz in Conneticut, bevor sie nach New York umzog, wo sie neben anderen Spielwaren vermutlich ab 1906 auch Teddybären herstellte. Das Verdienst für den Erfolg von Gund kann Jacob Swedlin zugeschrieben werden, einem russischen Einwanderer, der 1909 als Pförtner zu Gund kam. Swedlin begann, sich für die Stofftierherstellung zu interessieren, und seine Begeisterung und harte Arbeit wurden bald bemerkt. Er wurde im Zuschneiden, in der Mustererstellung und im Entwurf unterwiesen, bevor er Adolph Gunds persönlicher Assistent wurde. Gund hatte keine eigenen Kinder, und als er 1925 in den Ruhestand ging, verkaufte er die Firma für eine symbolische Zahlung an Swedlin. Schon bald nach dem Kauf traten drei von Swedlins Brüdern dem Unternehmen bei und halfen ihm, die J. Swedlin Inc. zu leiten (der Name des Unternehmens änderte sich 1925, wenngleich es »Gund« als Markennamen weiterführte). Nach dem Zweiten Weltkrieg erfreute es sich riesiger Erfolge, mit Hilfe von Walt Disney, der ihm 1948 das alleinige Recht für die Herstellung von Stofftiermodellen aus Disney-Zeichentrickfilmen gewährte. Des Weiteren stellte Gund ausgestopfte Modelle von King Features und Hanna Barbera Zeichentrick-Charakteren her, darunter den nach dem Baseballspieler Yogi Berra benannten Yogi-Bären von Hanna Barbera. Gund gehörte auch zu den ersten US-Firmen, die Teddys mit eingesetzten Vinylgesichtern herstellten, zusammen mit Knickerbocker und anderen weniger bekannten Firmen.

Auch die Ideal Toy Corporation (ehemals Co.) aus Brooklyn, New York stellte wichtige Beziehungen zu bekannten Bärencharakteren her, zu denen 1953 ein Smokey the Bear-Stofftier zählte. Smokey wurde 1944 als Symbol für die US-Feuervermeidungs-Kampagne eingeführt. Er wurde von Albert Staehle gezeichnet, einem bekannten Tierillustrator, und nach dem New Yorker Feuerwehrmann Smokey Joe Martin benannt. 1953 wurde Ideal die Lizenz zur Herstellung von Smokey Bear übertragen, und man stellte eine Kollektion enorm beliebter bekleideter Bären mit Vinylklauen und Pfoten her. Im Jahre 1968 verlor Ideal die Lizenz an Knickerbocker, das die Bären bis Ende der Siebzigerjahre herstellte.

Gegenüber: Japanische Kleine Bärenschule, 1960. Dieses Set war damals preiswerter als europäische Produkte.

Neue Zucht bei den Bärenneuheiten

Die Fünfziger- und Sechzigerjahre waren das Zeitalter der vieler Neuheiten, in dem auch die Japaner, die seit den Zwanzigerjahren aus Biskuitporzellan und Zelluloid gegossene Teddys hergestellt hatten, zu ihrem Recht kamen (weiche Teddybären aus Plüschmohair sind eine Seltenheit in der Zeit vor dem Zweiten Weltkrieg und oft nicht gekennzeichnet). Nach seiner Besetzung durch die US-Armee (1945–50) engagierte sich Japan in der Spielwarenindustrie und war schon bald führend bei technologischem und mechanischem Spielzeug. Firmen wie die Kamar Toy Co. stellten in den Fünfzigerjahren Teddybären mit Uhrwerk oder Batteriebetrieb her.

Die Schweiz hatte vor dem Zweiten Weltkrieg bereits Spieldosen geliefert, welche in die Teddybären sämtlicher führender Hersteller eingebaut wurden. Anfang der Fünfzigerjahre wurde der erste Schweizer Teddybär-Hersteller in Zürich gegründet. MCZ nahm den Markennamen Mutzli (»kleiner Bär«) an und führte ihn auf Etiketten, die an Ohr oder Brust des Bären befestigt wurden. Die Kollektion beinhaltete als Jungen oder Mädchen gekleidete Bären, Rasseln in Form eines Bären und weiche, nicht gegliederte Bären für Neugeborene, einen Chef-Bären, Bären mit beweglichen Gliedern und Bären auf allen Vieren. An späteren Exemplaren finden sich Etiketten mit dem neuen Markennamen: Felpa. Leider stellte die Firma in den Neunzigerjahren die Produktion ein.

SMALL BEAR SCHOOL

A complete darling school of 6 pupil
h... ...e teacher bear. Has large
... slates, etc. A brand
... ...rs.

Neue Bären aller Art

Neue Entwicklungen auf dem Bärenmarkt waren in den 50ern und 60ern zu verzeichnen. Musikbären, bekleidete Bären, Bären auf Fahrrädern oder Rollschuhen und sprechende Bären – sie alle fanden Bewunderer. Merrythoughts Entwurf von Cheeky, der seinen Namen auf Grund des breiten Lächelns des Bären erhielt, wurde oft kopiert, ebenso wie Schucos wieder eingeführter Ja/Nein-Bär, der erstmals 1921 erschien und nun als Tricky wieder auf den Markt gebracht wurde. Viele der innovativsten, mit Uhrwerk oder Batterie betriebenen Entwürfe kamen aus Japan.

❶ 1965 führte Merrythought die Familie Twisty Bear ein: Mr. und Mrs. Twisty und ihre zwei Kinder. Über dem Rumpf aus blauem Stoff trugen Vater und Sohn rote Arbeitshosen, Mutter und Tochter rote Röcke und weiße Schürzen. Alle Bären hatten große Füße, auf denen sie stehen konnten, und ein inneres Drahtgestell. Wenn man die Gliedmaßen verdrehte, konnten sie eine Position halten, bis man sie anders positionierte. 1966 führte Merrythought die Familie Twisty Cheeky ein, eine Mischung aus der Twisty-Bear- und Cheeky-Serie.

❷ In den ersten Jahren nach dem Zweiten Weltkrieg unterlag die japanische Wirtschaft der Kontrolle der Alliierten. Nach einem Wandel in der Politik im Jahre 1948 und dem Rückzug der US-Besatzungsarmee zwei Jahre später stürzte sich Japan in die Herstellung. In den 50er und 60er Jahren überschwemmte mit Uhrwerken oder Batterie betriebenes Blechspielzeug die US-amerikanischen und europäischen Märkte, das zwar qualitativ minderwertig, dafür jedoch konkurrenzlos preiswert war. Dieser Bär mit Uhrwerk aus den 60er Jahren bewegt sich nach vorn, wenn man ihn aufzieht. Wie viele japanische Produkte dieser Zeit wurde er in einer Pappbox geliefert, deren Deckel wunderschön mit einer idealisierten Abbildung des Inhalts bemalt ist.

3 Musikbären mit Uhrwerk-Mechanismen oder solchen, die mittels Druck aktiviert wurden, waren seit den 20er Jahren beliebt. Hersteller von Teddybären in der ganzen Welt kauften idie dafür notwendige Mechanik für gewöhnlich von Herstellern in der Schweiz, anstatt sie selbst zu produzieren. Steiff nahm Musikbären 1928 in sein Programm auf, mit Musik-Teddy und Musik-Petsy. Dieses Stück stammt aus den 50er Jahren, als bekleidete Bären sehr beliebt waren. Sein Rock verbirgt eine tönende Apparatur. Wenn man den Bären niederdrückt, erklingt Musik.

4 In den ersten zwei Jahrzehnten des 20. Jahrhunderts, als die Bärenmanie auf ihrem Höhepunkt war, zierten Bilder dieser Stofftiere eine riesige Zahl von Alltagsgegenständen und Luxusartikeln. Spaß-Bekleidung und Accessoires aus Mohairplüsch mit einem Teddymotiv waren ebenfalls beliebt, wie zum Beispiel dieses Kinderportemonnaie. Es stammt aus dem Jahre 1910 und ist mit einem Foto seiner ursprünglichen Besitzerin abgebildet, einem kleinen Mädchen, das ihr geliebtes Portemonnaie eng an sich drückt, während sie auf dem Familiensofa posiert.

5 Einer der großartigsten Hersteller von Bärenneuheiten war Schreyer und Co., der unter dem Markennamen Schuco eine große Zahl von selbst fahrenden Bären, Miniaturbären oder auf andere Weise ungewöhnlichen Bären auf den Markt brachte, wobei das Unternehmen viele der raffinierten Techniken einsetzte, die es als Hersteller von Spielzeugautos entwickelt hatte. Dieser uniformierte Soldatenbär aus den 20er Jahren, der Bär 155 Automatik mit Uhrlaufwerk, marschierte auf und ab, wenn man ihn aufzog. Wie alle Spielzeuge mit Eigenantrieb steigt sein Wert erheblich, wenn der Mechanismus intakt ist, wobei dieses Modell wirklich selten und daher bei Sammlern äußerst gefragt ist.

Kapitel 5

DER BÄR SCHLÄFT

(1965–1979)

Die Zeit von 1965 bis 1979 war katastrophal für Hersteller von Teddybären. In der wohl größten Umwälzung, die die Branche je gesehen hatte, gaben Dutzende traditioneller Spielwarenhersteller das Geschäft auf. Trotz des hartnäckigen Widerstandes weniger führender Produzenten begann die Zukunft des Bären sehr bedenklich auszusehen, aus vielerlei Gründen. Zum einen fiel die Geburtenrate stark ab. Die Unternehmen hatten sich während des Babybooms vergrößert, um die Nachfrage einer wachsenden Bevölkerung befriedigen zu können. Doch nun mussten sie sich entweder zurückziehen – was nicht so leicht war, da sie oft in neue Gebäude, Produktionsanlagen und Arbeitskräfte investiert hatten – oder neue Märkte erschließen. Zum anderen hatte sich die Kundenbasis verändert. Traditionellerweise war Spielzeug bisher von Eltern oder Großeltern gekauft worden, doch 1965 waren die Kinder selbst zu Kunden geworden – und sie kauften keine Teddybären. Stattdessen gaben sie ihr Geld für Hunderte von neuen und aufregend aussehenden Spielsachen aus, die im Werbefernsehen gezeigt wurden und eine neue Nachfrage zur Folge hatten.

Gegenüber: Ungegliederter Bär, späte 6oer Jahre, mit Augen und Nase aus Plastik und Webpelz aus Wolle und Kunstfasern. Hersteller unbekannt.

Drittens gab es 1965 nur wenige Firmen, die sich ausschließlich auf Teddybären oder auch Stofftiere konzentrierten. Die meisten stellten außerdem Puzzles her, Brettspiele, Spielzeugautos und Puppen. All diese Produkte waren sehr anfällig für die Launen des sich wandelnden Marktes der Sechziger- und Siebzigerjahre, und wenn eine Kollektion schlecht abschnitt, brachte sie oft eine andere erfolgreichere mit zu Fall. So besaß zum Beispiel das britische Unternehmen Lines Bros. nicht nur Pedigree Soft Toys Ltd. mit Fabriken in Nordirland und Neuseeland sowie ab 1966 den australischen Teddy-Hersteller Joy Toys, sondern war auch für so bekannte Namen wie Hornby, Dinky, Meccano, Triang und Scalextric verantwortlich. Als Lines Bros. 1971 die Produktion einstellte, da seine Preise dauerhaft durch Toy Cars aus Südostasien unterboten

worden waren, traf es auch Joy Toys. Pedigree-Bären hatten das Glück, die Schließung zu überleben, da die Herstellung von Stofftieren nach Canterbury in England verlagert und im folgenden Jahr von Dunbee-Combex-Marx übernommen wurde. Doch dies war nur ein vorübergehender Aufschub der Vollstreckung – 1988 schloss Pedigree endgültig seine Pforten.

Ein vierter Grund, weshalb die Teddybär-Industrie in dieser Zeit unter großem Druck stand, war das Auftauchen multinationaler Spielwarenunternehmen. Bis Mitte der Sechzigerjahre hatten einheimische Marken in Ländern mit langer Tradition für die Spielzeugherstellung, wie Deutschland, Großbritannien und die USA, dominiert. In Großbritannien waren die Spielwarenregale beispielsweise gefüllt mit Produkten von Lines Bros., Chad Valley, Britains, Mettoy (mit dem Markennamen Corgi) und Lesney (Matchbox) und nur wenigen billigen Importen aus Hongkong. Der enorme Erfolg der Hasbros-Soldatenpuppe G. I. Joe, für die die britische Firma Palitoy 1966 die Lizenz als Action Man bekam, kündigte die Ankunft der Multinationalen an. Erstmals wurde Spielzeug stark beworben, und man erwartete, dass es einem internationalen Publikum gefiel. Während die Spielwarenhersteller fieberhaft nach dem nächsten G. I. Joe suchten, übersahen sie für gewöhnlich solch traditionelle Spielsachen wie den Teddybären.

In dem Maße, wie Spielwarenhersteller zunehmend von der Mode getrieben wurden, waren hoch qualifizierte Belegschaften, die Spielsachen erster Güte herstellten, weniger attraktiv als billige Arbeitskräfte, die »Spielzeug für den Augenblick« fertigten, welches dann international beworben und verkauft werden sollten. Seit den Fünfzigerjahren standen westliche Unternehmen unter dem Druck billiger Importe aus Hongkong und Japan. Nun verlegten viele amerikanische und europäische Spielzeughersteller die Produktion nach Südostasien, um mit den Preisen ausländischer Konkurrenten mithalten zu können. Die Liste der Unternehmen, die Opfer dieser Entwicklungen wurden, ist deprimierend zu lesen. Mitte bis Ende der Sechzigerjahre erlebte der Nürnberger Hersteller Schuco einen starker Einbruch bei Belchspielzeug, was zum großem Teil durch Konkurrenz seitens der aufstrebenden japanischen Spielzeugindustrie bedingt war. Es war unvermeidbar, dass dies Auswirkungen auf das gesamte Geschäft haben würde, auch auf die Stofftiere. Trotz des Erfolges seiner Bigo-Bello-Serie der Sechzigerjahre sah sich Schuco 1976 gezwungen, Konkurs anzumelden. In jenem Jahr hatte man begonnen, mit Ernst Bäumlers Münchner Firma Anker zu kooperieren, und als Schuco in Konkurs ging, riss es das kleinere Unternehmen mit sich.

Großbritannien verlor in dieser Zeit zwei seiner ältesten und renommiertesten Spielwarenhersteller. 1964 war J. K. Farnell mit seiner Produktion nach Hastings in Sussex umgezogen und hatte seine Londoner Alpha Works an ein neues Unternehmen, Acton Toycraft Ltd., verpachtet, dessen Markenname »A Twyford Product« war. Trotz dieser Kosten sparenden Maßnahmen gab Farnell vier Jahre später das Geschäft auf. Acton Toycraft stellte dann Mitte der Siebziger die Produktion ein.

Eines der vielleicht überraschendsten Opfer war die Chad Valley Co. Ltd., die während der vorhergehenden Jahrzehnte sehr aktiv gewesen war. Im Jahre 1967 kaufte Chad Valley H. G. Stone & Co. Ltd., den Hersteller von Chiltern Toys, und wurde so der größte Stofftierhersteller im Land. Mit dieser Fusion zog ein Teil der Stofftierproduktion von Wellington in die Chiltern-Fabrik mit Sitz in Pontypool. Nach der Übernahme bekamen viele Teddys ein neues Etikett, auf dem »Chad Valley Chiltern Hygienic Toys Made in England« stand, da sie in Wales hergestellt wurden.

Unglücklicherweise übernahm sich Chad Valley, und als die allgemeine Rezession das Unternehmen in den Siebzigerjahren traf, musste es aufgeben. Anfang 1970 unternahm es noch mutige Versuche, sich zu restrukturieren, doch diese Bemühungen scheiterten, und es war gezwungen, ein Übernahme-

angebot durch Palitoy im Jahre 1978 anzunehmen. Der Name Chad Valley wurde 1988 von der Woolworth-Warenhauskette erworben, die ihn immer noch für den Verkauf einer Reihe von Spielzeugen verwendet, die in Fernost hergestellt werden. Seit Anbruch des neuen Jahrtausends stellt Woolworth jedoch keine Teddybären mehr her.

Eine dritte britische Firma, die nicht überlebte, hatte während der zweiten Hälfte des zwanzigsten Jahrhunderts mehr als jede andere daran gearbeitet, den Teddybären auf

den neuesten Stand zu bringen. Wendy Boston Playsafe Toys Ltd. wurde 1968 von Denys Fisher Toys gekauft, und die Fabrik schloss zehn Jahre später.

Auch die USA hatten Opfer zu verzeichnen, darunter einen der ältesten Teddybär-Hersteller der Welt. 1968 besaß die Ideal Toy Corporation, die nun eine AG war, Fabriken in New York und New Jersey. Produziert wurde in Ländern rund um die Welt, wie auch geliefert, darunter Japan, Australien, Neuseeland, Kanada, Großbritannien und der Rest Europas. Das Unternehmen bot Arbeitsplätze für 4000 Menschen. Während dieser großen Expansion vergaß es nicht seine lange Tradition als Bärenproduzent und hielt an seinem Motto »Excellence in Toy Making Since the Teddy Bear« fest. Aber auch dieser Marktführer konnte dem zu dieser Zeit herrschenden Druck nicht widerstehen. 1982 wurde Ideal an CBS Toys verkauft.

Der Teddybär hatte mit Ideal seinen Triumphzug in den USA angetreten. Es ist daher schwer zu verstehen, warum CBS nach der Firmenübergabe durch Mark Michtom (den Enkel des Firmenmitbegründers, Morris Michtom) den Teddybären nicht in ihr Angebot übernahm.

Als die traditionellen Teddybär-Hersteller ins Schwimmen gerieten, schossen neue Unternehmen wie Pilze aus dem Boden, besonders in den USA, die billige Stofftiere und andere Produkte als Geschenkartikel herstellten. Statt geliebter Freunde waren diese Bären größtenteils Andenken, die oft zusammen mit einem Strauß Blumen oder einer Schachtel Schokolade verschenkt wurden. Einige von ihnen hielten rote Herzen umklammert und erklärten »I Love You«, während andere für Produkte warben, wie zum Beispiel Weichspüler. Das erfolgreichste dieser Unternehmen war Russ Berrie & Co. Inc., das 1963 gegründet wurde, seinen Hauptsitz in New Jersey hatte und Produktionsanlagen in Korea und China und in die ganze Welt verkaufte. Sein besonderer Erfolg bestand darin, schnell auf die sich wandelnde Geschenkartikelindustrie reagieren zu können und gleichzeitig die Fixkosten niedrig zu halten.

Die einzigen Firmen, welche diese traumatische Zeit in der Geschichte des Spielzeugs überlebten, waren die traditionellen Teddybär-Hersteller mit einem Spitzenprodukt, für das die Leute mehr zu zahlen bereit waren. Und was am wichtigsten war: Sie waren nicht abhängig vom Verkaufserfolg anderer Produktserien (die Leute kauften das ganze 20. Jahrhundert hindurch Teddybären, wenngleich die Beliebtheit dieses Spielzeugs sich enorm wandelte). Die fünf Unternehmen, die mit diesen Bedingungen am besten umgingen und die nun gemeinhin als eine Art globale Teddybär-Aristokratie gelten, waren Steiff, Gebrüder Hermann, Hermann-Spielwaren, Merrythought und Dean's.

In seiner Fabrik in Giengen produzierte Steiff weiterhin Stofftiere, denen der letzte Schliff von Hand gegeben wurde, ohne sich in Versuchung bringen zu lassen, zur Kostenreduzierung die Produktion nach Übersee zu verlagern. Im Jahre 1966 brachte das Unternehmen einmal mehr Richard Steiffs klassischen Teddy auf den neuesten Stand und schlug dieses Mal einen radikal neuen Weg ein: Der Mohairplüsch um Augen und Schnauze wurde kurz geschoren und bildete so eine Herzform. Der Bär verlor außerdem seinen Buckel, und seine Beine waren viel kürzer und stämmiger als die seiner Vorgänger. Am 10. Februar wurde er unter dem Namen Original Teddy eingetragen. Während der Sechziger- und Siebzigerjahre stellte Steiff eine Reihe von Bären sowohl aus Dralon- als auch aus Mohairplüsch her – Cosy, Lully, Molly, Petsy, Zooby und Tapsy. Einige von ihnen hatten bewegliche Glieder, wohingegen andere weiche, schlaffe Teddys waren, dafür gedacht, von einem Kleinkind geknuddelt zu werden.

Weiter nordöstlich in Bayern blieb auch die Gebrüder Hermann KG in den folgenden Jahrzehnten im Familienbesitz und arbeitete weiterhin sowohl nach traditionelleren als auch moderneren Designs. Das Management des Unternehmens wurde 1986 an die nächste Generation weiter-

Gegenüber: Steiff-Originale, ca. 1966. Nicht alle Bären im neuen Design besaßen herzförmige Schnauzen.

Oben: Peter Bulls Miniatur-Teddybär Theodore, lesend auf seinem Stuhl.

Detail Florence Atwood stolz gemacht hätte. Mit ihren großartigen Designfähigkeiten, in Kombination mit romantischen Phantasie und einem feinen Verständnis für lebende Tiere, fuhren Jacqueline Revitt und Oliver Holmes fort, die Merrythought-Geschöpfe mit einem Hauch von Magie zu versehen.

Anfang der Sechzigerjahre wurde eine Tochterfirma von Dean's Rag Book gegründet, Dean's Childsplay Toys Ltd., deren Name 1965 für die gesamte Firma verwendet wurde. Sie baute 1972 ihre Position im Teddybärmarkt aus, als sie Gwentoys Ltd. übernahm, einen traditionellen Bärenhersteller mit Sitz in Pontypool, der 1965 von drei ehemaligen Managern der nahe gelegenen Chiltern-Fabrik gegründet worden war. Die Dean's / Gwentoy-Gruppe tendierte dazu, sich auf das untere Marktsegment zu konzentrieren, während Dean's Childplay weiterhin erstklassige Bären herstellte, eine Kombination von Aktivitäten, die dazu beitrug, ihren Erfolg zu sichern.

Die Popkultur der Sechziger- und der frühen Siebzigerjahre erfüllte ironischerweise – und vielleicht als Reaktion darauf – viele Menschen mit einer sentimentalen Sehnsucht nach vergangenen Zeiten. Dieser Sinn für Nostalgie war ein Hauptgrund für das Aufkommen des »heritage movement« in England, einer Art Heimatbewegung, die noch heute eine starke gesellschaftliche Kraft ist. Unternehmen wie Crabtree & Evelyn und Laura Ashley griffen auf die Vergangenheit zurück – oder besser gesagt auf eine idealisierte Deutung der Vergangenheit –, um Dinge zu produzieren, die etwas Altmodisches und Beruhigendes besaßen. Auch der Gedanke, den Teddybären als Sammlerstück für Erwachsene zu vermarkten, der sich seit 1960 allmählich durchsetzte, ist vermutlich dieser Bewegung zu verdanken.

Im Jahr 1964 veröffentlichte die Spielzeugmacherin Margaret Hutchings *Teddy Bears and How to Make Them* (Teddybären und wie man sie macht), eine kurze Geschichte des Plüschbären. Diesem Buch folgte 1969 ein weiteres mit dem wortspielerischen Titel *Bear with Me*

gegeben, als die vier Töchter von Artur, Werner und Helmut die Tagesgeschäfte der Firma übernahmen. Desgleichen wurde die Enkelin Max Hermanns, Dr. Ursula Hermann, im Jahre 1983 Direktorin der Hermann Spielwaren GmbH. Ihr folgte zehn Jahre später ihr Bruder Martin.

In England setzte Merrythought seine Erfolge als hoch angesehener Spielwarenhersteller fort unter dem Geschäftsführer Oliver Holmes, dem Sohn B. Trayton Holmes, welcher der Firma 1972 nach seinem Ingenieurstudium beitrat. Im gleichen Jahr kam Jacqueline Revitt hinzu, die später Chefdesignerin werden sollte und deren Liebe zum

(Ertrage mich), das von dem Schauspieler und Sammler Peter Bull geschrieben worden war, nachdem er in der NBC-Sendung *Today* ein paar interessante Teddybärgeschichten erbeten und über 2000 erhalten hatte. Der Erfolg dieser Veröffentlichungen bewies, dass eine riesige Zahl heimlicher Bärensammler in der Welt existierte, die alle Bären oder entsprechende Devotionalien sammeln wollten. Peter Bull besaß bereits eine große Bärenkollektion, auch »hug« genannt (»hug« ist der englische Oberbegriff für Teddys), darunter Delikatessen, der später als Aloysius in der wegweisenden Granada TV-Produktion *Wiedersehen mit Brideshead* mitspielen sollte. Peter Bulls Lieblingsteddy und lebenslanger Gefährte war Theodore, ein Miniaturbär von nur 10 cm Größe, der ihn überallhin in der Brusttasche begleitete.

Peter beschrieb die zentrale Rolle, die Theodore in seinem Leben spielte, wie folgt:

»Nur ein Teddy kann den ersten Platz in der Zunegung eines Menschen erobern, und trotz des materiellen Erfolges solcher Persönlichkeiten wie Aloysius und Bully Bear [der Bär, den Peter mit House of Nesbit entwickelte], ist Theodore ›der‹ Bär. Er ist länger als alle anderen bei mir und wurde mir von meinem Freund Maurice Kaufman geschenkt, um eine Bühnen-Premiere zu feiern. Ich fürchte, ich betrachtete ihn als Beistand, wenn vor dem Auftritt das Wort ›los!‹ erklang. Ich habe ihn überallhin in meiner Tasche bei mir getragen.

Für mich ist er ein Fakt und ein so realer Teil meines Lebens wie alles, was ich besitze. Er ähnelt nicht im Entferntesten einer Lieblingsuhr oder irgendeinem wirklich persönlichen Gegenstand, aber ich würde genauso wenig auf die Idee kommen, ohne ihn das Haus zu verlassen, und sei es nur für eine Nacht, selbst wenn ich daran dächte, auf

Rechts: Der junge »Bob« Henderson, in Verkleidung, mit seinem Steiff-Teddybär aus dem Jahre 1904, Teddy Girl, und seinem Bruder Charles.

worden war, um anderen Bärensammlern ein Forum und Unterstützung zu gewähren. Oberst Henderson war faszi-niert davon, wie der Teddybär bei vielen ein psychologi-sches Bedürfnis zu stillen schien. Er erklärte das Phänomen folgendermaßen:

»Schon von jeher hat der Bär einen besonderen Platz in der Volksüberlieferung, den Mythen, Märchen und Le-genden eingenommen. Er galt als Repräsentant sowohl göttlicher Kraft als auch der Kraft der Natur; an den Ted-dybären klammert man sich heute zur emotionalen Stabi-lisierung, und um Sicherheit zu finden. Der Grund dafür ist, dass der Bär als kraftvolles Symbol funktioniert, das ein weit verbreitetes psychologisches Bedürfnis stillt. Folglich sind die Geschichte, die Religion, die Philosophie und die Psychologie alle an einer vernünftigen Erklärung des Phänomens Teddybär beteiligt.

In der ersten Hälfte des 20. Jahrhunderts glaubte man, dass die subtile Anziehungskraft des Teddybären so gewin-nend und beständig war, dass der Teddy ein dauerhaftes Symbol für Kindheit geworden sei und daher alle anderen Tier-Maskottchen überlebt hat. Heute beginnt man sich allmählich bewusst zu werden, dass jeder, der glaubt, der Teddybär sei nur ein knuddeliges Spielzeug und nicht mehr, im Irrtum ist. Der Teddy ist sehr viel mehr, als man auf den ersten Blick erkennen kann. Denn es gibt nun reichlich Beweise dafür, dass der Bär Menschen jeden Alters und Geschlechts Trost spendet. So sehr sogar, dass er tat-sächlich aus der Klassifizierung als Stofftier herausfällt.

Der Teddybär spielt eine große Rolle für die psycholo-gische Entwicklung und Sozialisierung von Menschen jeden Alters in der ganzen Welt. Der Grund dafür ist, dass er eine wahrhaft internationale Figur ist, die ohne eigentlich religiösen Hintergrund dennoch überall als Symbol von Liebe und Zuneigung anerkannt wird. Er repräsentiert Partnerschaft. Er funktioniert durch seinen auflockernden Einfluss inmitten der Prüfungen und Drangsale des Lebens.«

den Mond zu fliegen. Daran hatte ich andererseits nie ein großes Interesse, aber ich denke, dass es Theodore gut gefallen würde. Und doch weiß ich, dass genau dasselbe auf dem Mond passieren würde, was in New York, Griechenland, Hollywood und Nether Wallop passiert, dass näm-lich, sobald ich Theodore auspacke und ihn zusammen mit seinen Freunden und Requisiten auf den Nachttisch stelle, der fremde Ort eine Art Zuhause wird. Ich denke, er ist ein Symbol für das Nicht-Einsam-Sein. Er sitzt dort auf seinen Hinterbacken (wie er es hasst, aufzustehen) und erinnert mich an die glücklichen und unglücklichen Zeiten, die wir miteinander verbracht haben, und sein lustiges kleines Gesicht schafft es immer, mich ein wenig aufzumun-tern, wenn die Dinge etwas finster aussehen.«

Während der gesamten Sechziger- und Siebzigerjahre wurden Bärensammler zunehmend organisiert und ge-sellschaftsfähig. 1962 wurde Oberst »Bob« Henderson, ein Offizier der Armee, der im Zweiten Weltkrieg unter Feldmarschall Montgomery gedient hatte, Präsident des Teddybären-Clubs (einer Organisation ohne formelle

Oben: Das Logo der Good Bears of the World steht für eine Wohltätigkeitsorganisation, welche die Trost spendenden Eigenschaften des Teddybären für ihre Zwecke nutzt.

1970 wurde in den USA die Organisation Good Bears of the World gegründet, die Geld für Teddybären sammelte, die an kranke und benachteiligte Kinder verteilt werden sollten. Die offizielle Grüdnung am Good Bear Day im Jahre 1973 wurde von Gründungsmitgliedern wie dem US-amerikanischen Fernsehsprecher und Journalisten James T. Ownby in Bern in der Schweiz gefeiert. Dem folgte am 27. Mai 1979 die Great Teddy Bear Rally, zu der sich über 15000 Menschen und über 2000 Bären im englischen Wiltshire auf Longleat, dem Sitz der sechsten Marquise von Bath, versammelten, um Geld und Spielzeug für eine Kinder-Wohlfahrtseinrichtung zu sammeln.

Die steigende Zahl erwachsener Sammler und die Zunahme von Büchern über die Herstellung von Teddybären veranlassten eine Reihe spezialisierter Puppenkünstler dazu, Anfang 1970 ebenfalls mit der Herstellung von Teddybären zu beginnen, die oft mit ausgefallenen Kostümen bekleidet waren. Der erste »aktenkundige« Bär dieser Art wurde 1974 in den USA von Beverly Port hergestellt, einer Puppenkünstlerin aus Retsil im Staate Washington. Er wurde im selben Jahr auf der internationalen Versammlung der Puppenmacher in Reno, Nevada, gezeigt.

Die Herstellung individueller Bären aus Künstlerhand war an der Westküste der USA aufgekommen, verbreitete sich jedoch bald über das ganze Land, übergehend nach Großbritannien, Australien, auf das europäische Festland und besonders nach

Oben: Heute verteilt Good Bears of the World eigene Teddies an kranke und sozial benachteiligte Kinder.

Deutschland, Frankreich und die Niederlande. Obwohl die Bärenkünstler sich als enorm erfolgreich erwiesen, war ihre produzierte Stückzahl dadurch bedeutend eingeschränkt, dass jeder Bär, den sie herstellten, von Hand gefertigt oder ihm zumindest der letzte Schliff von Hand verliehen sein sollte. Auch die Kosten waren ein Thema, da es in der Natur solch feiner handwerklicher Arbeiten lag, dass sie sehr exklusiv waren. Tausende potenzieller Sammler konnten sich von Künstlern gefertigte Bären nicht leisten. Genau auf diesen Markt zielte Mitte bis Ende der Siebzigerjahre eine Reihe von Teddybärherstellern ab – darunter Gund, House of Nisbet und die North American Bear Co. –, indem sie Bären im traditionellen Design in limitierten Auflagen produzierten.

Gegenüber: Ein traditionell hergestellter britischer Bär, 70er Jahre, mit Augen aus Plastik und Mohair-Webpelz, möglicherweise von Chad Valley.

House of Nisbet entstand im englischen Westonsuper-Mare im Jahre 1953, als die Peggy Nisbet Ltd. begann, im Heimindustrie Porträtpuppen für den Sammlermarkt zu fertigen. Im Jahre 1975 wurde das Unternehmen von Jack Wilson gekauft, einem Kanadier, der den Namen in House of Nisbet änderte und eine Kollektion von Teddybären einführte, entworfen von Peggy Nisbets Tochter Alison (die später Jack Wilsons Frau werden sollte). Im folgenden Jahr zog das Unternehmen nach Dunster Park in der Nähe von Bristol und ging 1979 eine äußerst erfolgreiche Zusammenarbeit mit Peter Bull ein, zu dem Zweck, zum Jahrhundertende den ultimativen Teddybären zu entwerfen.

Die North American Bear Co. wurde Mitte der Siebzigerjahre in New York von Barbara Isenberg gegründet, die sich darauf spezialisiert hatte, individuelle, hochwertige Teddybären herzustellen. Als 1978 der Jogging-Wahn in der Nation umging, begann sie, an Albert the Running Bear zu arbeiten, der Sweatshirt und Hose trug. Im folgenden Jahr brachte das Unternehmen die erste seiner wegweisenden Very Important Bear-Serien (VIB-Bären) auf den Markt: Das waren Teddybären, die wie historische oder literarische Figuren gekleidet waren, wie zum Beispiel

Amelia Bearhart, Bearb Ruth, Cyrano de Beargerac und Scarlett O'Beara.

Im Laufe der Sechziger- und Siebzigerjahre wandelten sich die Produktionsbedingungen. Zu Beginn dieser Zeit wurde die große Mehrheit der Bären für Kinder hergestellt. Dieser Markt blieb, wobei die Hersteller allmählich Bären entwarfen, die weicher und knuddeliger als vorher waren – Gund in den USA erwies sich darin besonders gut. Das Unternehmen verwendete eine Technik, bei der die Bären unterfüttert wurden, was sie sehr schlotterig machte. Allgemein gesagt waren die Bären für Kinder aus dieser Zeit kleiner als ihre herkömmlichen Vorgänger, und sie waren auch oft nicht gegliedert. Auf Grund der zunehmenden Zahl von Sicherheitsbestimmungen, die in den Sechzigern und Siebzigern eingeführt wurden, begannen die meisten Firmen, feuerfeste Materialien zu bevorzugen, ebenso wie Augen und Nasen, die ein Kind nicht herausnehmen konnte.

Viele Unternehmen, die ihren Hauptsitz im Westen hatten, entschlossen sich, ihre Produktion nach Südostasien zu verlegen, um so mit den Preisen für Waren aus Japan, Korea und China mithalten zu können. Das Ergebnis war ein Haufen billiger Wegwerf-Bären jeder Form und Größe, die man seinen Lieben schenken konnte, sowohl den Jungen als auch den Alten, ohne dass man dafür eine Bank knacken musste. Das einzige, was diese Bären verband, war, dass sie schlecht und aus minderwertigen Materialien gefertigt worden waren und nicht dazu gedacht, lange zu halten. Es gab jedoch eine starke Gegenbewegung, die sich der Qualität und der Langlebigkeit verschrieben hatte. Und das war der aufkommende Sammlermarkt der Erwachsenen, der in den Siebzigerjahren aus der Arbeit von wegbereitenden Bärenkünstlern erwuchs und von führenden Bärenliebhabern wie Peter Bull und Oberst »Bob« Henderson gefördert wurde. Das Sammeln von Teddybären war nicht länger eine Untergrund-Bewegung, sondern wurde zum verbreiteten Hobby, das in den Neunzigern die Welt im Sturm eroberte.

Bären vor der Kamera

Seit 1907, als die Thomas A. Edison Co. *The Teddy Bears* produzierte, den ersten Film mit bewegten Bildern, in dem Teddybären vorkamen, dauert die Affäre des Plüschtiers mit Film und Fernsehen. Während der zweiten Hälfte des 20. Jahrhunderts schafften viele Teddys den Sprung vom Buch oder Comic ins Fernsehen. Zu den erfolgreichsten Stars zählen Teddy Edward, ein Chiltern-Bär, der von 1965 an für die BBC-Sendung *Watch with Mother* um die Welt reiste; Michael Bonds Paddington, der Bär, der Marmelade liebt, debütierte 1975 im Fernsehen die schelmische Handpuppe Sooty, die 1955 ihre eigene Fernsehsendung erhielt; und Yogi Bear, dessen Zeichentrickfilme in der ganzen Welt zu sehen waren. Und schließlich und endlich gab es da Winnie the Pooh, dessen Abenteuer von den Walt Disney Studios seit 1966 in Zeichentrickfilme in Spielfilmlänge umgewandelt wurden.

1 *Als Disneys Zeichentrickversion von Rudyard Kiplings Dschungel-Buch 1967 in die Kinos kam, war Balu, ein gemütlicher Bär, der den Menschenjungen Mogli in seinem gleichnamigen zeitlosen Lied dazu ermunterte, »es mal mit Gemütlichkeit zu probieren«, der unangefochtene Star des Films. Steiff stellte die Tiere des Films in Plüsch her, darunter Shir Khan den Tiger, King Louie den Affen, Hathi den Baby-Elefanten und natürlich Balu.*

2

1

2 *Einer der ersten Teddybären im Fernsehen war die Handpuppe Sooty, die auf einer Talentshow im Jahre 1952 entdeckt wurde und drei Jahre später ihre eigene Sendung bekam, die Sooty Show. Zusammen mit seinem Co-Moderator Harry Corbett und seinen Freunden Sweep und Soo wurde Sooty zu einer der Hauptstützen des britischen Fernsehens für die nächsten 20 Jahre. Harrys Tod im Jahre 1975 hätte das Ende für Sootys Karriere bedeuten können, wenn nicht sein Sohn, Matthew Corbett, weitergemacht hätte. Sooty wurde kürzlich von einer Handelsbank gekauft, die ihren Zulauf erhöhen möchte, so dass die Fans hoffen können, in naher Zukunft noch viel mehr von der kleinen Puppe zu sehen.*

③ Viele der Fotos von Teddy Edward – dem kleinen Bären, der die Welt zusammen mit den Fotografen Patrick und Mollie Matthews erforschte – wurden an sehr exotischen oder extremen Orten gemacht, von denen die meisten Kinder nur träumen konnten. Andere wurden jedoch in der Nähe von zu Hause aufgenommen und konnten leicht von jungen Fans imitiert werden. Das Foto »Eine Spazierfahrt im Winter« zeigt Teddy Edwards der seine Freunde in seinem orangefarbenen Jeep spazieren fährt.

④ 1961 verkaufte A. A. Milnes Witwe die Filmrechte zu Winnie the Pooh an Walt Disney, der eine Reihe von Zeichentrickfilmen produzierte, die auf den Geschichten basieren. Bis heute wurden sechs Zeichentrickfilme erstellt: Winnie the Pooh and the Honey Tree (1966), Winnie the Pooh and the Blustery Day (1968), Winnie the Pooh and Tiger Too! (1974), The many adventures of Winnie the Pooh (1977), Winnie the Pooh and a day for Eeyore (1983) und The Tigger Movie (2000). Bei der Übertragung auf den Bildschirm bekam Pooh ein kurzes rotes T-Shirt und wurde noch untersetzter als das Original von E. H. Shepard.

⑤ 1975 wurden Michael Bonds Geschichten von Paddington Bär von FilmFair verfilmt. In dem preisgekrönten Zeichentrickfilm dominierte eine dreidimensionale Paddington-Puppe eine Szenerie, in der der Hintergrund und sämtliche Charaktere – darunter Mr. und Mrs. Brown, ihre Kinder und selbst sein großer Freund Mr. Gruber – zweidimensional waren. Die erste Reihe mit dreißig Episoden, die jede fünf Minuten dauerten und von Sir Michael Hordern erzählt wurden, wurde in 75 verschiedenen Ländern in der Welt ausgestrahlt, gefolgt 1979 von einer zweiten Serie mit 26 Episoden. Fast 20 Jahre später produzierte der französische Zeichentrickhersteller Cinar eine neue Filmserie.

Kapitel 6

DER BÄR ALS SAMMELOBJEKT

(1980–heute)

Oben: Mishka von R. Dakin & Co., 1980. Er wurde für die Olympischen Spiele jenes Jahres entworfen und hält die fünf olympischen Ringe.

In den letzten zwei Jahrzehnten des 20. Jahrhunderts wandelte sich das Schicksal des Bären auffällig. Als man einen nicht gegliederten Plüschteddy namens Mishka (den der Russe Viktor Chizhikov für den kalifornischen Hersteller R. Dakin und Co. entwarf) zum offiziellen Maskottchen für die Olympischen Spiele 1980 in Moskau wählte, wurde deutlich, dass die Beliebtheit des Teddybären einmal mehr im Steigen begriffen war. Nichts jedoch hätte Hersteller und Sammler auf die Reaktion der Öffentlichkeit auf die Bühnenbearbeitung von Evelyn Waughs Roman *Wiedersehen mit Brideshead* durch den Sender Granada TV vorbereiten können, die 1981 zum gezeigt wurde.

Evelyn Waughs Roman, der 1945 veröffentlicht wurde, handelt vom Verfall einer altenglischen Adelsfamilie, die auf Grund religiöser Differenzen auseinander gerissen wird, und ist zugleich die Schilderung jenes goldenen Zeitalters an der Universität Oxford während der Zwischenkriegszeit, in dem lebenslange Freundschaften in einer nie wieder erreichten Atmosphäre von Unschuld geschlossen wurden. In dem folgenden Abschnitt beschreibt der Erzähler, Charles Ryder, wie er zum ersten Mal Sebastian (in der Granada-Produktion gespielt von Anthony Andrews) und seinen Teddybären Aloysius sieht:

»Ich sah ihn zum ersten Mal in der Tür von Germers, und bei der Gelegenheit fiel mir weniger sein Aussehen auf als die Tatsache, dass er einen großen Teddybären trug.

›Das‹, sagte der Friseur, als ich auf seinem Stuhl Platz nahm, ›war Lord Sebastian Flyte. Ein höchst amüsanter junger Mann.‹

›Offensichtlich‹, sagte ich kühl.

›Der zweite Junge des Marquis von Marchmain ... Was glauben Sie, wollte Lord Sebastian? Eine Haarbürste für seinen Teddybären. Sie sollte sehr steife Borsten haben, nicht, sagte Lord Sebastian, um ihn damit zu kämmen, sondern um ihm zu drohen, ihm damit den Hintern zu versohlen, wenn er schmollt. Er hat eine sehr schöne gekauft, mit einem Rücken aus Elfenbein, und lässt ›Aloysius‹ darauf gravieren – so heißt der Bär.‹«

Der Teddy, der den Aloysius in der Fernsehserie »spielte«, hieß eigentlich Delicatessen und gehörte dem Schauspieler, Autoren und Bärenliebhaber Peter Bull, der ihn wie folgt beschreibt:

»Er wurde 1907 in Sacco, im US-Bundesstaat Maine geboren. Er saß 50 Jahre lang im Regal eines Gemischtwarenladens. Er wurde mir 1969 von der Besitzerin, Miss Euphemia Ladd, vorgestellt. Sie dachte, dass ihr Teddy mal eine Veränderung nötig hätte, und dass er gerne einen

Blick auf meinen kleinen Part in der Johnny Carson Show werfen würde. Bei der Ankunft im ›Bull hug‹, einer Bärensammlung, wurde er Delicatessen getauft. Ich konnte nicht ahnen, dass dies durch sensationelle Ereignisse und eine einseitige Erklärung in den Siebzigern geändert werden sollte. Als die Fernsehserie zu *Wiedersehen mit Brideshead* zum ersten Mal von Granada erörtert wurde, kam es uns nie in den Sinn, dass wir einen potenziellen Weltstar in den Händen hielten. Beim Vorsprechen (es gab vier weitere Anwärter für die Rolle) gewann Delicatessen mühelos. In der Fernsehserie war er bemerkenswert erfolgreich. Er gewann sogar eine Auszeichnung von der Zeitschrift *Time Out* ›für die beste Darstellung unter härtesten Bedingungen‹. Das gefiel ihm außerordentlich. Aus Delicatessen wurde Aloysius.«

Delicatessen wurde am 21. Februar 1982 wirklich zu Aloysius, als sein Name durch eine Meinungsumfrage geändert wurde. Nach seinem Auftritt gab es eine Woge von Anfragen nach traditionell aussehenden Teddys. Längst vergessene Bären wurden von den Dachböden heruntergeholt, während für die Unglücklichen, die nie einen Teddy besessen oder ihren Freund aus der Kindheit verloren hatten, solche Firmen wie North American Bear Co. und House of Nisbet zur Hand waren, die Doppelgänger von Aloysius bereitstellten. In Hollywood erhielt Aloysius die ultimative Auszeichnung: Seine Pfoten wurden in den Zement vor Manns (ehemals Graumanns) Chinese Theater auf dem Sunset Boulevard gedrückt. Nach Peter Bulls Tod im Mai 1984 wurden die meisten seiner Bären dem Londoner Spielzeug- und Modellmuseum übergeben. Einige von ihnen wurden jedoch verkauft, so auch Aloysius, der nun bei Ian Pout bei Teddy Bears of Witney in Oxfordshire lebt.

Repliken von Bären

Die führenden Teddybär-Hersteller reagierten schnell auf die Nachfrage nach traditionell aussehenden Bären. Im Jahre 1980 feierte Steiff sein hundertjähriges Firmenjubiläum damit, dass es seinen ersten Teddy in limitierter Auflage unter der Bezeichnung Papa-Bär herausgab. Papa-Bär ging auf die ersten Entwürfe zurück und war 43 cm groß, besaß ange-

Unten: Aloysius von American, 1907. Der Star aus *Wiedersehen mit Brideshead* ist mit einem Daks Simpson-Schal abgebildet, zusammen mit dem Roman, der ihn berühmt machte.

setzte Glieder und war aus goldenem Mohairplüsch gefertigt, mit einer Füllung aus Holzwolle und mit schwarzen Glasaugen. Es wurden nur 11 000 dieser Bären hergestellt, 5 000 davon waren für die englischsprachige Welt bestimmt. Im Jahre 1991 wurde die erste modellgetreue Steiff-Replik gefertigt: eine Kopie des mit Zwirn verbundenen Bären 35 PB, der zum ersten Mal 1904 erschienen war. Diesem folgte im Jahr 1993 eine Reproduktion des mit Gelenkscheiben versehenen, gegliederten Bären 35 PAB, auch bekannt als Bärle. Beide Bären wurden akribisch genau aus traditionellem, hochwertigen Mohairplüsch zugeschnitten unter Verwendung des Original-Musters. Sie wurden dann mit Holzwolle ausgestopft, ihre Nasen und Augen wurden gestickt und ihre Glasaugen befestigt. Sie trafen auf große Begeisterung und haben inzwischen eigenen Sammlerwert.

Seit 1980 stellt Steiff Repliken einiger seiner erfolgreichsten Entwürfe her, darunter Alfonzo, Blue Bear, Black Bear, Teddy Clown, Teddy Rose, Dolly Bear, Teddy Dicky und Teddy Baby. Wichtig zu sagen ist an dieser Stelle, dass Steiff zum ersten Mal in seiner Geschichte Bären herstellte, die für den Sammler und nicht in erster Linie für das Kind bestimmt waren: Die meisten Repliken sind viel zu wertvoll, um den liebevollen Händen eines Kleinkindes ausgesetzt zu werden. Die Bären, die in Präsentschachteln zusammen mit nummerierten Zertifikaten ausgegeben werden, sind dafür gedacht, es Bärensammlern in der ganzen Welt zu ermöglichen, ihre Sammlungen um herausragende Bären der Vergangenheit zu ergänzen. So können sie Lücken füllen, die auf Grund der Seltenheit und des Preises der Originale sonst nicht zu schließen wären.

In demselben Jahr, in dem Steiff damit begann, Bärenrepliken herzustellen, eröffnete man ein Firmenmuseum in Giengen, zu dessen Exponaten einige der ältesten existierenden Stofftiere zählen. Am 1. April 1992 gründete man den Steiff-Club als Forum für Steifftier-Liebhaber und Sammler. Die Mitglieder erhalten Ausgaben der Firmenzeitschrift und können regionalen Clubtreffen beiwohnen, um über neue Produkte zu sprechen, Lesungen zu hören oder Bären auszutauschen. Sie haben auch die Gelegenheit, besondere limitierte Auflagen zu erwerben, die Mitgliedern vorbehalten sind. Durch solcherlei innovative Marketingtechniken sowie durch Festhalten am Perfektionsanspruch hat Steiff es geschafft, in der vordersten Reihe der Teddybär-Hersteller des 21. Jahrhunderts zu bleiben.

Zwei Ereignisse, die sich dramatisch auf die deutsche Teddybär-Industrie auswirkten, waren der Fall der Berliner Mauer im November 1989 und die darauf folgende Wiedervereinigung am 3. Oktober 1990. Familien, die einst in den Westen fliehen mussten, konnten nun zum ersten Mal seit 40 Jahren zu ihren Häusern zurückkehren, kommunistisch geführte Betriebe wurden den Nachkommen ihrer ehemaligen Besitzer zurückgegeben, und, was von Bedeutung im Zeitalter von Bärenrepliken ist, viele Original-Muster wurden aus lang vergessenen Archiven ausgegraben.

Unten: Der Eingang zur Margarete Steiff GmbH heute. Ein Firmenmuseum befindet sich auf dem Gelände der Fabrik.

**Oben: Alfonzo (links), der Teddybär von
Prinzessin Xenia von Russland, zusammen
mit seiner Replik, ebenfalls von Steiff.**

Die Gebrüder Hermann KG, die zwischen 1948 und 1953 von Ost- nach Westdeutschland umgezogen war, machte ihren ersten Ausflug in die Welt der erwachsenen Sammler, als sie 1984 das Modell 63 auf den Markt brachte, eine Replik des ersten Teddybären des Unternehmens. Das Experiment war ein Erfolg, und weitere folgten, so wurde zum Beispiel 1990 die limitierte Auflage eines Bären, um die Wiedervereinigung Deutschlands zu feiern. Der Bär zeigte die Farben der deutschen Flagge auf der Pfote seines rechten Fußes und trug eine passende Schleife um seinen Hals. Im nächsten Jahr brachte das Unternehmen die Replik eines Bären heraus, der zum ersten Mal von Bernhard Hermann im Jahre 1922 in Sonneberg herausgegeben worden war. Im Jahr 2000 gab es die Wiederauflage eines Bären, der 1930 auf den Markt gebracht worden war, zusammen mit neuen Teddys, wie

zum Beispiel einem 40 cm großen Fischer, der mit einem Strickpullover und einer Tweedhose bekleidet sowie mit einer Angel, einem Eimer und einem Netz ausgestattet ist. Alle Bären des Unternehmens tragen um ihren Hals ein rotes Siegel, auf dem »Hermann Teddy ORIGINAL« in Gold geschrieben steht. Seit 1994 wird außerdem ein Miniatursiegel an ihrem Hals angebracht. Hermann-Bären gelten heute als besonders qualitätvoll und haben ihren Preis. Besonders geschätzt sind die bekleideten Bären.

Die neue politische Situation in Deutschland ermöglichte es der Enkelin Max Hermanns, Dr. Ursula Hermann, nach Sonneberg in die DDR zurückzukehren und die Familienarchive zu durchsuchen. Informationen, die sie dort fand, nutzte sie, um einen Jubiläumsbären der

Hermann-Spielwaren GmbH anlässlich ihres siebzigjährigen Bestehens herauszugeben, eine Replik von Max Hermanns Serie 111, die in den Zwanzigerjahren zum ersten Mal auf den Markt gebracht worden war. Im Jahre 1991 wurden zwei noch ältere Max Hermann-Teddys als limitierte Auflage von 3000 Stück gefertigt: der preisgekrönte Bär 115 und der Bär 113, die zum ersten Mal in einem Sonneberger Katalog von 1930 zu sehen waren.

Ein weiterer Betrieb, der nach der Wiedervereinigung zurück in Privatbesitz überging, war eine andere Sonneberger Spielzeugfabrik, H. Josef Leven, die seit 1945 als Staatsbetrieb geführt worden war. 1990 wurde Leven an Dora-Margot Hermann zurückgegeben, die Tochter eines der beiden Besitzer, die 1951 Max Hermanns Sohn Rolf-Gerhard geheiratet hatte. Hermann-Spielwaren führte nun Leven und gab 1992 eine limitierte Auflage der Replik eines Leven-Bären aus dem Jahre 1910 heraus, um das Ereignis zu feiern (in ähnlicher Weise arbeitete die tschechische Firma Hamiro 1992 mit der H. Scharrer & Koch GmbH zusammen, auch als Sigikid bekannt, um in ihrer neuen Miro-Fabrik in Rokycany Repliken von Teddybären herzustellen). Am 8. Mai 1999 feierten Hermann-Spielwaren den 100. Geburtstag ihres Firmengründers mit dem klassischen Max Hermann-Geburtstagsbären.

In Großbritannien trug Peter Bulls Zusammenarbeit mit House of Nisbet, die 1979 begonnen hatte, Früchte, als die Bully-Bear-Serie, bestehend aus Teddys und Büchern, 1981 auf den Markt kam. Die Bären mit ihren dreieckigen Köpfen sahen amerikanisch aus, was kaum überrascht, da sie zum Teil auf Peter Bulls Delicatessen-Bär basierten, der amerikanischer Staatsbürger war. 1984 arbeitete das Unternehmen erneut mit Peter Bull zusammen, als es eine limitierten Auflage seiner zwölf Bärenbücher, *The Zodiac Bears*, und Stofftier-Versionen der Charaktere aus dieser Serie herstellte. Im Jahre 1987 erfand der Besitzer des House of Nisbet, Jack Wilson, eine Methode, mit der man Mohair

aufrauen konnte. Er verwendete dafür eine Maschine aus der Jahrhundertwende, die zum Knittern von Samt diente. Das Verfahren wurde eingesetzt, um die Delicatessen-Bär-Version des Unternehmens herzustellen und aus dem Erfolg von *Wiedersehen mit Brideshead* zu profitieren.

1989 wurde House of Nisbet von der US-Firma Dakin Inc. gekauft, die ihrerseit 1995 von Applause übernommen wurde. Wallace Berrie hatte die Applause Co. 1984 von Knickerbocker Toys erworben, nachdem er in den Siebzigerjahren eine erfolgreiche Verkaufsstrategie für die Schlümpfe (Smurfs) geleitet hatte. (Diese Comicfiguren waren erstmals in Belgien im *Le Journal de Spirou* am 23. Oktober 1958 erschienen. Sie wurden von Pierre Culliford gezeichnet, der besser als Peyo bekannt war. Die Smurfs waren so groß wie drei Äpfel, hatten eine blaue Haut und trugen weiße Hosen und Mützen.) Applause wurde der neue Firmenname, und eine Reihe von Lizenverträgen zwischen 1980 und 1990 (darunter Disney©, Sesame Street™ und Raggedy Ann™) bedeutete, dass das Unternehmen das 21. Jahrhundert als hochgradig erfolgreiches, multinationales Spielzeug-Unternehmen begann. Seit 1995 ist die Produktion in zwei Bereiche unterteilt: Applause™ konzentriert sich auf Kinderspielzeug, wie zum Beispiel Pokémon™ Merchandising, während sich Dakin™ auf hochwertige Plüschprodukte, auch Teddybären für erwachsene Sammler, konzentriert.

Zu dieser Zeit drängten auch die beiden ältesten britischen Teddybär-Hersteller, Merrythought und Dean's auf den Sammlermarkt. 1986 führte Merrythought eine Replik seines Magnet Bear ein, der 1930 in seinem ersten Katalog erschienen war. Ihm folgten 1992 Kopien von Donald Campbells Mr. Whoppit in limitierter Auflage und mit dem eingestickten Bluebird-Emblem, und Bingie, eine seiner erfolgreichsten Serien um 1930. Im Herbst des Jahres 1995 gründete Merrythought seinen eigenen Sammlerclub und brachte im folgenden Jahr eine Replik des Farnell-Bären heraus, ein angemessener Tribut an eine Firma, die wegweisend war für das britische Teddybärdesign.

We are going to Pam Hebbs Teddy Bear Shop

Auch die Firma Dean's in Pontypool, Südwales, stellte Anfang 1980 einige Bären in limitierter Auflage her, hauptsächlich für den US-amerikanischen Markt, jedoch erst 1991, drei Jahre nachdem Neil und Barbara Miller die Firma gekauft hatten, überholte die Sammlerbären-Produktion diejenige für den Spiel-

Oben: Eine Kette von Miniaturbären von Elizabeth Leggat, die für Pam Hebbs berühmtes Londoner Geschäft Werbung machen.

zeugmarkt. Dean's ist nun einmal mehr ein Familienunternehmen, bei dem die Millers selbst die Kollektion entwerfen (mit Ausnahme ihrer von Künstlern entworfenen Bären), ihre Kataloge, Broschüren und den Internetauftritt selbst gestalten. Gegenwärtig sind sie dabei, ein Museum für Dean's-Produkte aufzubauen, und wann immer sie können, kaufen sie wichtige Stücke auf Auktionen zurück.

Eine der großartigen Erfolgsgeschichten der letzten Jahrzehnte des 20. Jahrhunderts schrieb Canterbury Bears Inc., das 1980 von John Blackburn (Mitglied der Society of Industrial Artists and Designers) und seiner Tochter Kerstin gegründet wurde, nachdem sie im Vorjahr einen Auftrag für einen zusammengesetzten Bären im traditio-

nellen Stil erhalten hatten. Das Geschäft blühte, und schon bald wurden Johns Frau Maude und seine anderen Kinder, Mark und Victoria, mit in das Unternehmen eingebunden. Die Firma stellte eine Serie klassischer Bären, limitierter Auflagen und Repliken her und übernahm vorübergehende Sonderaufträge. Ende 1980 stellte sie eine Kollektion exklusiver Bären für so renommierte Auftraggeber wie Liberty, Harrod's und das Victoria und Albert Museum her. Seit 1991 hat der US-amerikanische Spielzeughersteller Gund die ausschließlichen Vertriebsrechte für Canterbury-Bären in Kanada und den USA.

Bären aus Künstlerhand

Die Zahl der Künstler in der ganzen Welt, die handgefertigte Bären herstellten, stieg in den letzten zwei Jahrzehnten des 20. Jahrhunderts weiter an. Sie produzierten natürlich weit weniger als die großen Hersteller, die Teddys für den Sammlermarkt fertigten. Ihre Arbeit blieb jedoch sehr einflussreich und wurde durch die Einführung der Golden Teddy Awards im Jahre 1987 gefördert, gefolgt von den TOBY (Teddy Bear of the Year) Awards 1990.

Bären im traditionellen Stil, ob bekleidet oder nicht, sind nach wie vor bei Künstlern und Sammlern gleichermaßen beliebt. Zu den besten Repräsentanten in diesem Bereich, die in den letzten Jahren bekannt wurden, zählt Audie Sison, ein Niederländer, der im Jahre 1990 begann, Künstlerbären zu sammeln. Fünf Jahre später produzierte er selbst nach eigenen Entwürfe unter dem Markenzeichen A Teddy … by Audie. Seitdem hat er zahlreiche Preise gewonnen, darunter zwei TOBYs, einen Golden Teddy und den renommierten Golden Teddy »Winners Circle«.

Gregory Gyllenships traditionelle Bären stehen mit ihren langen Armen, dank derer sie auf allen Vieren stehen können, stark in der Schuld der ersten Steiff-Bären. Mit ihrem aus feinstem Mohairplüsch gefertigten Pelz und den echten Knopfaugen sind sie ein angemessener Tribut an die großen Tage der Bärenherstellung. Der in London lebende Künstler stellt außerdem große, weiche und knuddelige Bären her, auch Eisbären mit realistischen Ballen an den Pfoten.

Wann immer es möglich ist, verwendet Sandra Wickenden von Wickenden Bears traditionelle Materialien für ihre Bären, wie zum Beispiel Füllungen aus Holzwolle, hochwertigen Mohairplüsch, Wollfilze, Gelenke aus Hartfaserplatten und alte Knopfaugen. Viele ihrer Kreationen sind nicht bekleidet, nur einige tragen alte Kragen, Spitze oder haben Schnauzen aus Leder, das sie von Antikmärkten bezieht. Sie stellt außerdem realistische Bären mit angefügten Körperteilen her, wobei sie ihre Nasen, Schnauzen und Klauen ganz genau aus Leder nachbildet, so dass sie wilden Tieren ähneln.

Janet Clark begann 1991 damit, Bären herzustellen, und verkaufte sie auf den örtlichen Kunstgewerbemärkten. Seitdem hat sich die preisgekrönte Künstlerin auf die Herstellung von Bären und anderen Tieren in limitierter Auflage unter dem Markennamen Teddystyle verlegt. Sie ist auf die Herstellung realistischer Plüschbären spezialisiert, so zum Beispiel den amerikanischen Schwarzbären, den Chi (ein Panda) und den Kermode (ein Eisbär) sowie auf

bekleidete Bären mit Accessoires, wie einen Leierkastenspieler – sogar mit einem Affen. Seit 1994 macht Janet Entwürfe für Dean's Artist Showcase.

Die schottische Künstlerin Elizabeth Leggat begann 1995 mit dem Entwurf und der Fertigung traditioneller Bären. Von Anfang an hat sie auch Miniaturen hergestellt, zu denen sie ein winziger Schuco-Bär viele Jahre zuvor

Links: Einer der knuddeligen Teddies von Gregory Gyllenship, dem britischen Bärenkünstler.

Oben: Teddy Girl von Steiff, 1904, Colonel »Bob« Hendersons bemerkenswerter Bär.

Edwards, Seidenstoffe und Spitze, die mit winzigen alten Knöpfen und Samtblumen verziert sind, zu ihren besonderen Favoriten zählen.

Nicht alle Künstler stellen traditionell aussehende Teddys her. Jo Greeno, die Schulleiterin war, bevor sie 1990 professionelle Bärenherstellerin wurde, kreiert individuelle Bären, die sich durch comicähnliche Gesichter mit großen, eng beieinander liegenden und lachenden Augen auszeichnen. Jeder Bär ist sorgsam mit Accessoires ausgestattet, um die besondere Wirkung zu erzielen, die zu ihrem Markenzeichen wurde und ihr bei Sammlern in der ganzen Welt Anerkennung verschaffte. Auch Jo Greeno hat Bären für Dean's Artist Showcase entworfen.

Bären unter dem Hammer

Repliken sowie von Künstlern hergestellte Bären sind sehr erfolgreich, doch für diejenigen, die die nötigen Mittel haben, geht nichts über ein Original. Seit Anfang der Siebzigerjahre haben Christie's und Sotheby's antike und seltene Teddybären in ihre Sammlerverkäufe aufgenommen. Erst Anfang 1980 hoben die Verkaufspreise von Bären ab, und seither sind sie exponentiell gestiegen, da ein verschwindend kleiner Stamm qualitativ guter Bären von einer immer größeren Zahl von Sammlern gesucht wird. Heute sind Bären von vielen verschiedenen Herstellern wertvoll, wobei die teuersten die ersten Steiff-Bären sind, besonders die mit einer interessanten Herkunft. Ein blonder Steiff-Bär aus dem Jahre 1905 wurde bei Sotheby's im Mai 1985 für 2090 britische Pfund verkauft. Kein anderer Bär hatte vorher mehr als 1000 britische Pfund gebracht. Dem folgte im Februar 1987 ein neuer Weltrekord von 5720 britischen Pfund, die bei Sotheby's für einen großen, gelben Steiff-Plüschteddy von etwa 1904 mit dem Namen Archibald gezahlt wurden. Im Mai 1987 wurden 8800 britische Pfund, ebenfalls bei Sotheby's, von einem US-amerikanischen Sammler für

inspiriert hatte. Sie verwendet dabei eine lang erprobte Technik, die ihnen Patina verleiht, so dass ihre Bären das leicht ausgeblichene und abgenutzte Aussehen wirklich alter Teddys erhalten. Die Formen der Bären erinnern mit den ausgeprägten Schnauzen, den langen Armen, großen Füßen und den buckeligen Rücken auch an alte Entwürfe. Elizabeth Leggat bekleidet ihre Bären ebenfalls sehr sorgsam: Sie stöbert auf Antikmärkten nach vielerlei alten Stoffen, Borten und Accessoires für ihre Kostüme, wobei handbestickte Baumwolle aus der Regierungszeit König

einen raren Steiff-Bären aus dem Jahr 1913 mit einer seltenen weißen Schnauze gezahlt. Ein ähnlicher, aber kleinerer Bär brachte bei derselben Auktion 6050 britische Pfund. Im Mai 1989 verkaufte Christie's Alfonzo, den roten Steiffbären, der Prinzessin Xenia gehört hatte, der Cousine zweiten Grades des Zaren Nikolas II. von Russland, für 12100 britische Pfund, was damals eine enorme Summe für einen Teddybären war. Er nimmt nun einen Ehrenplatz in Ian Pouts Sammlung bei Teddy Bears of Whitney in Oxfordshire ein.

Wenige Monate später wurde Alfonzos Erfolg von Happy überboten, einem zweifarbigen Steiff-Plüschbären mit ungewöhnlich großen und verführerischen braunen Augen.

Er hatte es Paul und Rosemary Volpp angetan, die am 19. September 1989 bei Sotheby's 55000 britische Pfund für ihn zahlten. Das verschaffte ihm einen Platz im »Guinness Buch der Rekorde« als teuerster Bären der Welt. Seither reisen Happy und die Volpps gemeinsam um die Welt und sammeln Gelder für wohltätige Zwecke. Im Jahre 1990 brachte Steiff eine Replik von Happy in limitierter Auflage auf den Markt, so dass sich auch andere Sammler an der Schönheit dieses außergewöhnlichen Bären erfreuen konnten.

Steiffs schwarze Bären haben in den letzten Jahren durchweg Spitzenpreise erzielt, eine Ironie, wenn man

Unten: Die Versteigerung von Teddy Girl bei Christie's am 5. Dezember 1994.

Rechts: Happy von Steiff, 1926. Der erste
Bär, der im »Guinness Buch der Rekorde«
als der teuerste Bär der Welt Eingang fand.

bedenkt, wie schlecht das erste Muster aus dem Jahre 1907 aufgenommen wurde. Die limitierte Zahl – 1912 wurden insgesamt 494 Bären als Reaktion auf die Tragödie der »Titanic« produziert – hat sicherlich dazu beigetragen, das Interesse der Sammler zu entfachen. Bei Sotheby's wurde im Mai 1990 ein schwarzer Steiff-Bär mit Namen Othello für 24200 britische Pfund an Ian Pout verkauft. Der 48 cm große Bär besaß eine schwarze gestickte Schnauze mit einer Naht in der Mitte, schwarze Knopfaugen auf roten Filzscheiben, einen Buckel und Drehgelenke. Er war mit Holzwolle ausgestopft und konnte brummen. Im Oktober desselben Jahres wurde noch ein weiterer schwarzer Steiff-Bär von 1912 bei Philip's für 8800 britische Pfund versteigert, nachdem er fünfzehn Jahre zuvor für 14 britische Pfund in einem Antiquitätenladen gekauft worden war. Bezeichnend für den Preisanstieg, der für schwarze Bären seit den Neunzigerjahren zu verzeichnen war ist, dass ein schwarzer Steiff-Bär am 4. Dezember 2000 bei Christie's für 91750 britische Pfund unter den Hammer kam.

Am 6. Dezember 1993 versammelten sich rund 800 Sammler und Liebhaber bei Christie's in South Kensington, um der ersten Versteigerung beizuwohnen, die ausschließlich Bären gewidmet war (vorher waren sie zusammen mit Puppen und anderen Spielsachen verkauft worden). Das Highlight war Elliot, der einzigartige blaue Bär, der 1908 den Einkäufer von Harrod's als Muster nicht hatte überzeugen können. Seine Seltenheit sorgte dafür, dass es dieses Mal an Bietern nicht fehlte, und er wurde schließlich an einen kanadischen Privatsammler für 49500 britische Pfund verkauft. Steiff stellte für seine Clubmitglieder 1994/95 eine exklusive Replik her.

Auktionshäuser und Antiquitätenhändler mögen sich der steigenden Preise, die für Teddybären gezahlt wurden, bewusst gewesen sein, doch es war der Verkauf von Teddy Girl am 5. Dezember 1994, der die Weltöffentlichkeit auf dieses Phänomen aufmerksam machte. Vor über 500 Sammlern, die in zwei Verkaufsräume von Christie's in South Kensington gepfercht wurden, brach der Bär jeden

bestehenden Rekord, als er für Schwindel erregende 110000 britische Pfund verkauft wurde. Er war lebenslanger Begleiter von Oberst »Bob« Henderson gewesen. Nachdem er im Zweiten Weltkrieg gedient hatte (mit Teddy an seiner Seite), verschrieb sich Oberst Henderson ganz dem Sammeln von Bären jeder Form und Größe und wurde einer der meistgeschätzten Sammler der Welt.

Auch der Teddy selbst war berühmt: Er erschien auf zahlreichen Versammlungen und tauchte in vielen Veröffentlichungen auf, was Teil seiner Arbeit für Good Bears of the World war. Diese Organisation verteilte Teddybären an kranke und sozial benachteiligte Kinder. Diese reich dokumentierte Herkunft war zweifellos dafür verantwortlich, dass er solch einen bemerkenswerten Preis erzielte. Als zimtfarbener Steiff-Bär

Oben: Das IZU Teddybär-Museum in Japan, Teddy Girls neues Zuhause, wo sie weiterhin Kinder in Not tröstet.

aus dem Jahre 1904 mit einer seltenen Naht in der Mitte war er jedoch bei Sammlern schon immer begehrt.

Teddy Girl wurde von Yoshihiro Sekiguchi gekauft, dem Präsidenten des japanischen Spielwarenherstellers Sun Arrow. Kurz nach der Auktion umriss er die nächste Stufe seiner Karriere: »Teddy Girl ist der außergewöhnlichste Bär der Welt, und ich werde dafür sorgen, dass er der Mittelpunkt meines neuen Museums wird. Ich habe die Absicht, in die Fußstapfen von Oberst ›Bob‹ zu treten, der Teddy Girl dafür einsetzte, um Kindern in der Not zu helfen. Ich werde sie dazu einsetzen, denen in Japan zu helfen.«

Sammler schützen ihre Bären sehr und hassen es, wenn sie hören, dass sie misshandelt werden. Im Mai 1996 zahlte der bekannte Parapsychologe Uri Geller 11 500 Pfund für einen 122 cm großen Bären aus den Zwanzigerjahren. Während des Zweiten Weltkrieges hatten Soldaten in Wien den Teddy dazu benutzt, den Umgang mit dem Bajonett zu üben, bis er von einem mitfühlenden russischen Offizier gerettet und der zweijährigen Gerhild Radakovic geschenkt wurde. 52 Jahre später beschloss sie, ihn zu verkaufen und einen Teil des Gewinns einem Waisenhaus in Bosnien zu spenden.

Noch ist kein Abklingen der Nachfrage nach Teddys zu erkennen. Auf dem Steiff-Festival in Giengen im Jahre 2000 wurde der älteste bekannte Bär für 82 000 Pfund verkauft. Dieser extrem seltene Bär 28 PB aus dem Jahre 1904 war in einem bemerkenswert guten Zustand – sogar seine zerbrechliche Nase aus Siegellack war noch immer heil. Auf demselben Festival wurde ein Elefanten-Nadelkissen von Margarete Steiff aus dem Jahr 1893 zu moderaten 15 000 Pfund verkauft, wenn man seinen immensen historischen Wert bedenkt.

Bemerkenswerterweise hält augenblicklich ein moderner Bär den Weltrekord. Am 14. Oktober 2000 wurde eine limitierte Auflage von vierzig Steiff-Bären bei Teddies de l'ans 2000 angeboten. Das ist eine Auktion, deren Einnahmen an die humanitäre Organisation Monaco Aide et

Présence (M.A.P) übergeben wurden, deren Ehrenvorsitzender Kronprinz Albert von Monaco ist. Jeder Artikel war von einem berühmten Modehaus ausgestattet worden, unter denen Louis Vuitton herausstach, der U Pitchoun (Der Kleine) individuell herrichtete. Dieser 45 cm große Bär besaß angefügte Arme, Beine und Kopf und war aus dem feinsten, mit Hobelspänen gefüllten Mohair gefertigt. Sein Haute-Couture-Outfit, zu dem ein Regenmantel, ein Südwester, eine Hose, ein Pullover mit einem Polokragen und Gepäck gehörten, halfen dabei, sich den erstaunlichen Preis von 130 000 britischen Pfund zu sichern.

U Pitchouns Käufer, Mr. Jessie Kim, besitzt eine Gruppe koreanischer Spielwarenfabriken. Als Bewunderer sowohl von Steiff als auch von Louis Vuitton ist er eifrig dabei, das

Gegenüber: Der junge »Bob« Henderson, hier mit seiner Mutter und Teddy Girl abgebildet.

Unten: Steiff und Louis Vuitton, U Pitchoun, 2000. Dieser Bär mit den wunderschönen Accessoires wurde im Oktober 2000 für 130 000 britische Pfund verkauft.

Sammlerinteresse an Teddybären auch in seinem Heimat-land zu wecken, wo diese Passion praktisch unbekannt ist. Er beabsichtigt, im März 2001 ein Museum auf Chesu Island in Südkorea zu eröffnen, und wird dem Louis-Vuitton-Steiff-Bären den Ehrenplatz einräumen.

Eine unliebsame Folge der Rekord-preise, die nun für einige Bären gezahlt werden, war in den vergangenen Jahren das Aufkommen gefälschter Teddys, besonders solcher, die vorgeben, von Steiff zu sein. Wenn man einen Bären untersucht, der angeblich alt ist, gilt es zu prüfen, ob die verwendeten Materialien zeittypisch sind (Mohairplüsch, Filzpfoten, Knopfaugen bei einem der ersten Steiff-Bären), dass die Bären an solchen Stellen abgenutzt sind, wo es zu vermuten ist (wie zum Beispiel um die Ohren), und dass

Unten: Die »Teddy Bear Times«, die 1990 zum ersten Mal erschien, ist nur eines von vielen modernen Magazinen für Bärenliebhaber.

vorhandene Knöpfe oder Label, die zur Identifizierung dienen, mit der Zeit konform gehen. Wenn Zweifel beste-hen, sollte man einen Experten heranziehen.

Gedanken zum Bären

1986 wurde das erste Museum, das sich ausschließlich dem Teddybären widmet, in Berlin eröffnet, bald gefolgt von ähnlichen Zentren in der ganzen Welt. Die Preisver-leihungen Golden Teddy und TOBY fördern vortreffliche Leistungen im Teddydesign, und zahllose Clubs, Tagungen und Shows – und nicht zuletzt das Internet – sorgen dafür, dass die von Sammlern, Herstellern und Bärenkünstlern empfundene Leidenschaft sich nie verbraucht. In den letzten Jahren hat das Internet mit seinen Webseiten, Chat Rooms und schwarzen Brettern das Feld der Bären-liebhaber weit über die Vorstellungskraft früherer Genera-tionen bereichert.

Heute verbringt ein Kind in den USA im Alter von zwei Jahren oder älter vier Stunden am Tag, ungefähr ein Viertel seines oder ihres erwachenden Lebens damit zu, Fernsehen zu schauen. Wenn sie achtzehn sind, haben US-amerikanische Kinder nicht weniger als 350 000 Werbefilme gesehen.

Es scheint, als würden Hersteller alles dafür tun, um die neuesten Plastikspielzeuge anzu-preisen – sei es über das Fernsehen, den Film oder Videospiele –, und dennoch weigert sich der Teddybär hartnäckig, sich aus unseren Herzen verdrängen zu lassen.

Ein Teddy ist etwas ganz Besonderes, und einen Bären zu kaufen hat oft mehr damit zu tun, sich zu verlieben, als damit, ein Statussymbol zu erwerben. So beschreibt es auch Christopher Milne, der stolze Be-sitzer des originalen Winnie the Pooh-Bären, in *The Enchanted Places*:

»Eine Reihe von Teddybären, die in einem Spielwaren-geschäft sitzen, alle in derselben Größe und mit demselben

Preis. Und dennoch: wie verschieden ist einer vom anderen. Einige sehen fröhlich aus, andere traurig. Einige blicken reserviert, andere liebenswürdig. Ein ganz bestimmter, der da drüben, hat einen besonders gewinnenden Gesichtsausdruck. Ja, den dort möchten wir, bitte.«

Die meisten Kinder haben immer noch einen eigenen Teddybären. Einige von ihnen werden stolz vorgezeigt; andere warten geduldig im Spielzeugschrank auf den Tag, an dem ihre Besitzer eine Umarmung oder etwas Trost brauchen. Ihre Treue wird oft belohnt – Teddybären werden nur selten weggeworfen oder verschenkt. Einige Bären werden vergessen werden, andere jedoch ihre jungen Besitzer darin bestärken, sich in die immer größer werdende Zahl von Sammlern in der Welt einzureihen.

In seinen ersten 100 Lebensjahren hat der Teddybär alles erlebt, von enormer Nachfrage bis hin zum existenzbedrohlichen Desinteresse, bevor er wieder wie Phönix aus der Asche emporstieg, um neue Märkte aufzutun. Wer weiß, was das nächste Jahrhundert bringen wird? Eines ist sicher: Dieser unverwüstlichste aller Spielkameraden wird immer noch da sein, um Millionen Freude zu machen und Trost zu spenden.

Oben: Immer mehr Fälschungen tauchen heute auf. Der Bär links ist ein echter Steiff. Der rechte ist eine Fälschung.

Prominente Vorbilder

Moderne Bären, die von berühmten Persönlichkeiten aus der Modewelt, der Musikszene oder dem Fernsehen eingekleidet wurden, erzielen heute höchste Preise bei Auktionen. Am 28. November 2000 wurden 18 individuell ausgestattete Steiff-Bären im Londoner Home House zu Gunsten des Roten Kreuzes versteigert. Zu den Highlights zählten Sebastian Bear, der von dem Schauspieler Anthony Andrews eingekleidet wurde, als eine geistreiche Anspielung auf seine berühmte Rolle in *Wiedersehen mit Brideshead*; des weiteren ein Bär von Madonna mit einem Stetson-Hut, der das Bild der Sängerin auf ihrem Album *Music* aus dem Jahr 2000 widerspiegelte; und ein Violine spielender Teddy der Virtuosin Vanessa Mae.

1 *In einem roten Seidenkleid mit passender Unterwäsche und einer Miniaturvioline: Dieser Musikbär wurde von der Virtuosin Vanessa Mae entworfen. Die bezaubernde Violinistin, die 1979 geboren wurde, bekam ihre erste Klavierstunde im Alter von drei Jahren. Zwei Jahre später begann sie mit der Geige. 1989 gab sie ihr Debütkonzert, im folgenden Jahr brachte sie ihr erstes Album* Violin *auf den Markt. Heute ist sie für ihr breites Repertoire bekannt, zu dem auf einer elektrischen Geige gespielte Popmusik zählt.*

2 *Dieser erlesene Bär wurde durch den Hof des Königs von Siam aus Rodgers und Hammersteins Musical* Der König und Ich *inspiriert, das im Jahre 2000 im Londoner Palladium aufgeführt wurde. An der Aufführung wirkte auch Elaine Paige als Anna mit, die Königin des britischen Musicals. Zu den Highlights in Elaines Karriere zählen* Evita *(1978),* Cats *(1986),* Chess *(1986) und* Piaf *(1993). Im Jahre 1996 gab sie ihr Debüt auf dem Broadway als Norma Desmond in der Bühnenversion von* Sunset Boulevard.

3 *Dieser Tanzbär mit seinem lilafarbenen Balletträckchen und den passenden Ballettschuhen wurde von Darcey Bussell entworfen, der Primaballerina des Royal Ballet. Darcey begann im Alter von dreizehn Jahren Ballettunterricht zu nehmen, was als relativ spät gilt. Sie holte ihre Zeitgenossen jedoch schnell ein – und übertraf sie sogar. 1986 gewann sie den Prix de Lausanne. Nach einer kurzen Zeit bei Sadlers Wells wurde sie Solistin des Royal Ballet – die jüngste Tänzerin, die jemals diese Position innehatte.*

❸

❹

❺

❹ *Der Devilish Angel, der teuflische Engel, ist mit seinen himmlischen Flügeln und seinen Teufelshörnern eine clevere Kombination von Unschuld und Unfug. Dieser Bär wurde von dem 15 Jahre alten Gesangswunder Charlotte Church gestylt, die in Llandaff, Cardiff, geboren wurde. Schon in jungen Jahren zog es Charlotte zur Bühne, und sie ließ keine Gelegenheit aus, um etwas vorzutragen. Sie wurde entdeckt, als sie auf einen Aufruf der britischen Fernsehserie* This Morning *mit Richard und Judy reagierte. Weitere Fernsehauftritte führten zu eine Reihe hochkarätiger Konzerte und drei Gesangsalben, darunter* Voice of an Angel.*

❺ *Elvis Bear, bekleidet mit einer schwarzen Lederjacke, Hosen und Stiefeln, zollt dem King des Rock'n'Roll Tribut. Der Teddy wurde von Holly Johnson entworfen, dem ehemaligen Leadsänger von Frankie Goes to Hollywood. Holly wurde im Jahre 1960 in Liverpool geboren. Schon in jungen Jahren arbeitete er als Multimediakünstler, inspiriert durch die Arbeiten Andy Warhols, und kombinierte den Seidensiebdruck mit der Mitgliedschaft in einer Band. 1983 war er drauf und dran, eine Kunstschule zu besuchen, als Frankie Goes to Hollywood einen Vertrag unterschrieb. Ihr Lied »Relax« verkaufte sich millionenfach, als es im folgenden Jahr veröffentlicht wurde.*

BÄRIG WICHTIGES

Der folgende Abschnitt bietet Informationen für erklärte Bärenliebhaber und solche, die es werden wollen. »Tipps für Sammler« dient als Anleitung für jene, die darüber nachdenken, eine Sammlung zu beginnen, und beleuchtet einige der Fallstricke, über die selbst der erfahrenste Sammler stolpern kann. Das »Glossar« erklärt die in diesem Buch verwendeten Fachbegriffe, gefolgt von einer Liste der wichtigsten Museen, Hersteller und Bärenkünstler. Schließlich und endlich bietet die »Ausgewählte Bibliographie« Lesetipps für diejenigen, die sich noch eingehender mit dem Teddybären beschäftigen möchten.

TIPPS FÜR SAMMLER

Teddybären zu sammeln ist eine ungemein persönliche Beschäftigung. Wie viele andere Bereiche wird sie von den zur Verfügung stehenden Mitteln und den Trends am Markt beeinflusst. Generell sind Sammler jedoch mehr an den Charakteren der Bären und ihrer Geschichte interessiert als an ihrem materiellen Wert. Da sie so voller Charakter und Charme sind, stellen Teddybären eine Verbindung zur Kindheit und damit zu potenziel unbeschwerteren Zeiten her. Sie sind phantastische Gefährten, und wirklich jeder hat seine ganz eigene Persönlichkeit, besonders die »alten Jungs«, deren Charakter zweifellos durch das Leben geprägt sind, das sie geführt haben. Eines ist sicher: Von denjenigen, die einmal den Entschluss gefasst haben, Teddybären zu sammeln, sind nur wenige in der Lage, ihre neu gefundenen Freunde wieder aufzugeben.

Hersteller

Eine ganz bestimmte Herstellungsart auszuwählen ist eine äußerst persönliche Sache. Während die Leidenschaft des einen Sammlers den Steiff-Tieren gilt und die eines anderen den Chiltern-Bären, liebt ein dritter Sammler alle Teddys, gleich welcher Form, welcher Größe, welchen Alters oder welchen Stammbaums. Der Hersteller spielt jedoch eine wichtige Rolle wenn es darum geht, den Wert eines Teddybären zu schätzen. Steiff-Bären dominieren den Markt und sind regelmäßig für die höchsten auf Auktionen erzielten Preise verantwortlich. Die höchsten Preise für Teddybären werden in der Tat sämtlich von Steiff gehalten. Andere deutsche Hersteller der Gegenwart, wie zum Beispiel Bing, Schuco und Jopi, sind ebenfalls sehr gesucht, und gute Exemplare erzielen auf Auktionen stattliche Preise. Die in Großbritannien hergestellten Bären führt Farnell an. Merrythought, Chad Valley, Dean's und Chiltern verzeichnen jedoch steigende Nachfrage und einen entsprechenden Wertzuwachs.

Beim Kauf eines Bären gilt es zu bedenken, dass ein Bär aus bekannter Herstellung fast immer einen Bären unbekannten Ursprungs überbieten wird, ganz gleich, wie hübsch dieser sein mag.

Das Markenzeichen des Herstellers

Die begehrtesten Teddybären eines bekannten Herstellers haben ein intaktes Etikett, Knöpfe oder Anhänger, anhand derer man sie identifizieren kann. Dass sie vollständig sind, ist jedoch selten, da viele solcher Warenzeichen entweder absichtlich entfernt wurden oder durch natürliche Abnutzung verloren gingen. So haben zum Beispiel seit 1904 sämtliche Steiff-Bären die Fabrik mit einem Metallknopf im linken Ohr verlassen. Viele Eltern entfernten den Knopf, weil sie befürchteten, ihre kleinen Kinder könnten ihn verschlucken und daran ersticken. Andere wurden von den Kindern selbst entfernt. Sie sorgten sich, dass die Knöpfe die Ohren des Bären kneifen und ihm Unbehagen verursachen könnten. Obwohl Steiff-Bären auch ohne Hilfe des Knopfes deutlich zu identifizieren sind, kann sein Fehlen dennoch den Wert mindern. Generell ist davon auszugehen, dass Teddybären, die in einem sehr guten Zustand sind, auch intakte Etiketten besitzen, wohingegen es bei ›abgeliebten‹ Exemplaren unwahrscheinlich ist, dass sie sich irgendein Merkmal zur Identifizierung bewahren konnten.

Zustand

Der Zustand eines Bären ist sehr wichtig und beeinflusst seinen Wert beträchtlich. Die große Mehrheit der Bären war – wie gedacht – Spielgenosse von Kindern und weist so Zeichen von Abnutzung auf. Die wenigen Bären, die tadellos erhalten sind, erzielen die höchsten Preise. Die meisten Verletzungen eines Bären lassen sich reparieren, wenngleich einige Bereiche schwieriger wiederherzustellen sind als andere – und vielleicht sogar den finanziellen Wert des

Plüschtiers mindern. Eines Bären Gesicht zum Beispiel ist in vieler Hinsicht sein Schicksal. Eine Schnauze kann ein leicht verwundbares Kennzeichen sein und ein schwieriger Bereich, ihn diskret zu reparieren. Dagegen kann fehlender Mohair am Körper durch die entsprechende Kleidung kaschiert werden. Die Stickereien an Augen, Pfoten und Nase sind weitere Schwachstellen. Ein Bär, bei dem all diese Merkmale intakt sind, ist für Sammler sicherlich attraktiver als einer, der restauriert wurde. Wenn Ihr ausgewähltes Stück restauriert wurde, sollten Sie die Ausführung der gemachten Arbeiten prüfen. Seien Sie zufrieden, wenn sie liebevoll ausgeführt wurden und in Übereinstimmung mit der Datierung des Bären und mit dem Hersteller. Ersetzte Augen sollten im Design denen, die verloren gingen, gleichen; die Pfoten sollten mit demselben Material wie das Original überzogen sein, und wieder bestickte Nasen sollten die Stickerei kopieren, welche in der Ära des Bären beim Hersteller gebräuchlich war.

Zeitpunkt der Herstellung

Obwohl Teddybären aus der gesamten Produktionszeit gesammelt werden, hat das Herstellungsdatum zweifellos einen Einfluss auf den Wert. Frühe Beispiele sind von besonderem historischem Interesse und werden von Sammlern begierig gesucht. Es ist daher wichtig immer zu berücksichtigen, dass die ersten Teddybären eines jeden Herstellers für gewöhnlich einen höheren Preis erzielen als spätere Modelle.

Seltenheit

Bären, die bei ihrer Markteinführung nicht erfolgreich waren und daher in begrenzter Stückzahl hergestellt wurden, sind heute häufig wegen ihrer Seltenheit gefragt. Der Peter-Bär von den Gebrüdern Süssenguth zum Beispiel wurde bei seiner Markteinführung im Jahre 1925 als für Kinder zu Furcht erregend angesehen, und nur wenige wurden verkauft. Heute ist der Bär bei Sammlern hoch gefragt. Prototypen und Musterbären sind ebenfalls extrem selten, ebenso wie Sonderauftrags- und Einzelstücke.

Farbe

Die überwältigende Mehrheit der hergestellten Teddybären wurde aus struppigem Mohairplüsch in natürlichen Farben gefertigt, wie zum Beispiel in Blond und Goldfarben oder in hellem Braun. Daher sind Sammler von jeder Farbe, die als ungewöhnlich betrachtet wird, angezogen. Teddybären in dunklem Schokoladenbraun, Zimt- und Aprikotfarbe sind alle sehr ungewöhnlich. Schwarz ist selten, ebenso wie die grelleren Farben, etwa rot, blau, grün, lila und orange. Exemplare aus Mohairplüsch mit andersfarbigen Spitzen oder in zwei Farbtönen sind ebenfalls eine Rarität und daher äußerst gesucht.

Größe

Teddybär-Miniaturen lassen sich leichter zur Schau stellen als ihre größeren Verwandten, was eine Überlegung wert sein kann für Sammler, die nur wenig Platz haben. Die Nachfrage bestimmt den Preis, so dass kleinere Bären oft unverhältnismäßig teurer sind als größere Exemplare. Miniaturbären mit außergewöhnlicher Herkunft, wie zum Beispiel Peter Bulls Theodore oder die Soldatenbären-Sammlung der Campbell-Zwillinge, erzielen besonders hohe Preise. Das obere Marktsegment ist jedoch generell von größeren Bären dominiert.

Herkunft

Teddybären sind auch ein interessanter Beleg für die Kindheit historischer Persönlichkeiten. Jede Art von Lebensdokument, das sie in Begleitung eines Bären zeigt, ist für Sammler wertvoll und informativ. Nur wenige Bären werden direkt von ihren Original-Besitzern erstanden, doch wenn durch einen glücklichen Umstand frühe Fotos entdeckt werden, auf denen diese mit dem Teddy abgebildet sind, können sie unwiderstehlich werden. Wenn der Bär jedoch mit einer unbekannten Geschichte angeboten wird, ist die Wahrscheinlichkeit gering, irgendeine Form von Dokumentation zu finden.

Obwohl eine nachgewiesene Herkunft dem Wert eines Bären und damit dem Sammlerinteresse förderlich ist, sollte man sicher sein, dass das Material in der Tat echt ist. Eine Geschichte ohne Beweis reicht nicht aus. Wie romantisch die Geschichte des Bären auch sein mag, wenn sie erzählt wird, so muss sie doch durch entsprechende Belege, am besten in Form von Fotografien, gestützt werden.

Ausstrahlung

Wie man einen Bären wahrnimmt – seine allgemeine Ausstrahlung –, variiert ganz gewaltig von Sammler zu Sammler. Es ist eine bekannte Tatsache, dass die Einschätzungen seitens des Auktionshauses oft außer Acht gelassen werden, wenn sich zwei Interessenten in denselben Bären verlieben. Obwohl es unmöglich ist, die Ausstrahlung eines Bären objektiv einzuschätzen, wird ein hübsches Exemplar immer über ein interessantes siegen.

Echtheit

In jedem Sammelbereich, in dem Gegenstände bemerkenswerte Preise auf Auktionen erzielen, gibt es Fälschungen, und Teddybären sind leider keine Ausnahme von dieser Regel. Seit den Achtzigerjahren, als die ersten Bären fünfstellige Summen erzielten, tauchten falsche Steiffs- und andere gesuchte Bären auf dem Markt auf. In dem Maße, wie die Preise für die besten Teddys in die Höhe gingen, eskalierte auch die Zahl der Imitationen.

Wenn Sie irgendeinen Zweifel bezüglich der Echtheit des Bären haben, versuchen Sie, die Meinung eines Experten einzuholen – Christie's und die anderen führenden Auktionshäuser bieten kostenlosen Rat an zu Stücken, die in ihr Haus gebracht werden. Der Großteil der Fälschungen, die im Umlauf sind, wurde jedoch auf Märkten, aus Kofferräumen und auf nicht katalogisierten Auktionen erstanden, wo der Sammler sich schnell und unter Zeitdruck entscheiden musste. Um einen teuren Fehler auf solch einem Schauplatz zu vermeiden, lesen Sie vorher über das Thema so viel wie möglich, besuchen Sie Auktionshäuser und Museen und versuchen Sie, das Original in Augenschein zu nehmen. Wenn sie einen Teddybären kaufen, dessen Echtheit nicht verbürgt ist, untersuchen Sie ihn gründlich unter Berücksichtigung der verwendeten Materialien und des charakteristischen Designs und verlangen Sie eine schriftliche Bestätigung, in der der Bär beschrieben ist (wenn der Verkäufer Ihnen diese nicht gerne geben möchte, dann gehen Sie weg).

GLOSSAR

Alpakaplüsch – Plüsch, der aus der sehr weichen Wolle eines mit dem Lama verwandten südamerikanischen Säugetieres gewonnen wird.

Baumwollplüsch – Ein Plüsch aus Baumwolle; eine günstige Alternative zu Mohairplüsch, die während und nach dem Zweiten Weltkrieg beliebt war.

Brummstimme – Innere Stimmvorrichtung, die ein Brummen erzeugt, wenn man den Bären kippt.

Excelsior – Siehe Holzwolle

Exzentrische Räder – Räder, beiden denen die Achse nicht durch den Mittelpunkt geht und die sich ungleichmäßig drehen; Spielzeug mit exzentrischen Rädern scheint zu watscheln oder sich schwerfällig zu bewegen

Fadengelenk – Frühes Gelenksystem, bei dem Glieder und Kopf über Fäden/Draht am Rumpf befestigt sind.

Filz – Weicher Stoff aus verfilzten Wollfasern, der mit Hilfe von Dampf, Hitze und Druck gewalkt wurden.

Gegliederter Bär – Ein Bär mit voll beweglichem Kopf, beweglichen Armen und Beinen.

Holzwolle – Lange, dünne, Hobelspäne, die man zum Ausstopfen verwendet. Auch bekannt als Excelsior.

Hug – Englischer Sammelbegriff für Teddybären, entspricht etwa dem deutschen Begriff Kuscheltier.

Kapok – Sehr leichte, weiche Faser eines tropischen Baumes, die während der 1920er und 1930er Jahre zum Ausstopfen von Stofftieren verwendet wurde.

Künstlerbär – Bär, der von einer einzelnen Person gefertigt und den letzten Schliff von Hand erhalten hat.

Knopfaugen – Kreise aus gepresster Zellulose mit Metallhaken auf der Rückseite; sie wurden ursprünglich zum Schnüren von Schuhen entworfen und sind von der Spielzeugindustrie übernommen worden, um sie als Augen zu verwenden.

Kulleraugen – Große, runde Plastik- oder Glasaugen mit Pupillen, die sich bewegen.

Kunstseidenplüsch – Plüsch, der aus in Wasser gelöstem Zellstoff oder einer anderen Art von Zellulose hergestellt und verwendet wird, um den teureren Mohairplüsch zu imitieren.

Mohair – Langes, weiches und seidiges Haar der Angoraziege.

Mohairplüsch – Ein Plüsch aus einem Mohair, der mit Schafwolle oder Baumwolle vermischt wurde.

Quietscher – Stimmvorrichtung, die ein Quietschen von sich gibt, wenn man das Spielzeug drückt.

Rexine – Ein glänzendes Leder-Öltuch, das es in der Zeit nach dem Zweiten Weltkrieg gab.

Scheibengelenke – Scheiben aus Holz oder Pappe, die zwischen Glieder und Rumpf gesetzt und mit einem Splint befestigt wurden; Scheibengelenke ermöglichen gleichmäßige und volle Bewegungen der Glieder.

Siegellack – Gemisch aus Schellack, Kolophonium und Farbe zum Versiegeln von Briefen, das in der frühen Zeit der Teddybär-Herstellung dazu eingesetzt wurde, wirklichkeitsnahe Modellformen herzustellen.

Splint – Ein Vorsteckstift, der dafür verwendet wird, Scheibengelenke zu befestigen.

Spritzpistolen-Technik – Technik, um mit Hilfe von Druckluft Farbe auf den Pelz zu sprühen.

Stangengelenk – Ein inneres Gelenksystem, bei dem eine Reihe von Stangen durch den Körper läuft.

Stimmbox – Innere mechanische Vorrichtung, die dazu eingesetzt wird, ein Geräusch zu erzeugen, und die durch das Pressen oder Kippen des Spielzeugs oder durch Ziehen seiner Zugschnur aktiviert wird.

Zweifarbiger oder dualer Plüsch – Farbiger Plüsch, bei dem die Spitzen in einer zweiten, kontrastieren den Farbe eingefärbt sind.

Zugschnur-Stimme – Innere Stimmvorrichtung, die aktiviert wird, indem man an einer Schnur zieht.

TEDDYBÄR-MUSEEN

Teddy Museum Berlin
Götz und Florentine C. Bredow
bei: »Steiff in Berlin«
Kurfürstendamm 220
D-10719 Berlin

**Spielzeug- und Teddybären-
Museum im Schnoor**
Karin Martin
Schnoor 2
D-28195 Bremen

Spielzeugmuseum am Rathaus
Hannelore Ernst
Poststraße 7
D-29614 Soltau

**Spielzeug- und
Kinderwelt-Museum**
Unter den Hestern 3
D-31515 Wunstorf (Steinhude)

Puppenmuseum im Kunsthof
Ulrich Knoop
Am Bungert
D-45701 Herten

**Deutsches Puppen- und
Bärenmuseum Loreley**
Sonnengasse 8
D-56329 St. Goar

Teddymuseum Klingenberg
W. und R. König
In der Altstadt 7
D-63911 Klingenberg/Main

**Spielzeugmuseum
im Alten Rathausturm**
Sammlung Ivan Steiger
Marienplatz 15
D-80331 München

Margarete Steiff-Museum
Alleenstraße 2
D-89537 Giengen-Brenz

**Spielzeugmuseum
der Stadt Nürnberg
Museum Lydia Bayer**
Sigmundstraße 220
D-90431 Nürnberg

Spielzeugmuseum
Sammlung Ivan Steiger
Residenzplatz
D-94032 Passau

**Museum der Deutschen
Spielwarenindustrie**
Hindenburgplatz 1
D-96465 Neustadt bei Coburg

**Sonneberger Teddybären- und
Puppenmuseum**
Bahnhofstraße 29
D-96515 Sonneberg

Wiener Teddybären-Museum
Ledererhof 2/
Drahtgasse 3
A-1010 Wien

**Spielzeugmuseum Salzburg,
Sammlung Folk**
Bürgerspitalgasse 2
A-5020 Salzburg

Musée du Jouet
Rue de l'Association
B-2400 Brüssel

Speelgoed Museum
Nekkersoel 21
B-2800 Mechelen

Puppenhausmuseum Basel
Steinenvorstadt 1
CH-4051 Basel

Spielzeugmuseum
Wettsteinhaus
Baselstraße 34
CH-4125 Riehen

The Bear's Loft
Abbey Dore Court Gardens
Abbey Dore
GB-Nr Hereford HR2 0AD

The Bear Museum
38 Dragon Street
GB-Petersfield,
Hampshire GU31 4JJ

**Bethnal Green
Museum of Childhood**
Cambridge Heath Road
GB-London E2 9PA

The Bournemouth Bears
Old Christchurch Lane
GB-Bournemouth BH1 1NE

**The Cotswold
Teddy Bear Museum**
76 High Street
GB-Broadway, Worcester WR12 7AJ

The Golden Cross
Wixford Road, Ardens Grafton
GB-Nr Bidford-on Avon,
Warwickshire B50 4LG

Ironbridge Toy Museum
The Square
GB-Ironbridge,
Shropshire TF8 7AQ

Lakeland Motor Museum
Holker Hall
Cark–in–Cartmel
GB-Grange-over-Sands,
Cumbria LA11 7PL

**The London Toy and
Model Museum**
21-23 Craven Hill
GB-London W2 3EN

Merrythought Museum
The Wharfage
GB-Ironbridge,
Shropshire TF8 7NJ

Midland Good Bears
40 Fairfax Road
GB-Sutton Coldfield,
West Midlands B75 7JX

**The Museum
of Childhood**
15A Central Avenue
GB-Bangor, Co. Down
(Nordirland)

Museum of Childhood
42 High Street
GB-Edinburgh EH1 1TG

**Museum of Childhood
Memories**
1 Castle Street
GB-Beaumaris,
Isle of Anglesey LL58 8AP

Pollock's Toy Museum
1 Scala Street
GB-London W1P 1LT

Ribchester Museum of Childhood
Church Street
GB-Ribchester,
Lancashire PR3 3YE

Teddy Bear House
Antelope Walk
GB-Dorchester, Dorset DT1 1BE

The Teddy Bear Museum
19 Greenhill Street
GB-Stratford-upon-Avon,
Warwickshire CV37 6LF

Teddy Bears of Witney
99 High Street
GB-Witney, Oxfordshire OX8 6LY

Toy and Teddy Bear Museum
373 Clifton Drive North
St Annes
GB-Lytham St Annes,
Lancashire FY8 2PA

The Toy Emporium
79 High Street
GB-Bridgnorth,
Shropshire WV16 4DS

The Wareham Bears
Wilton House
The Estate Office
Wilton
GB-Salisbury, Wiltshire SP2 0BJ

Käthe Kruse Puppenmuseum
Binnenhaven 25
NL-1781 BK Den Helder

Speelgoedmuseum
Sint Vincentiusstraat 86
NL-4901 GL Oosterhout

Aunt Len's Doll and Toy Museum
6 Hamilton Terrace
USA-New York NY 10031

**The Carrousel
Shop and Museum**
505 West Broad Street
USA-Chesaning MI 48616

**Children's Museum of
Indianapolis**
P.O. Box 3000
USA-Indianapolis IN 46206

**Margaret Woodbury Strong
Museum**
1 Manhatten Square
USA-Rochester NY 14607

Merritt's Museum of Childhood
Route 422
USA-Douglassville PA 19518

Teddy Bear Castle Museum
431 Broad Street
USA-Nevada City CA 95959

Teddy Bear Museum of Naples
2511 Pine Ridge Road
USA-Naples FL 33942

Theodore Roosevelt's Birthplace
28 East 20th Street
USA-New York NY 10003

Izu Teddy Bear Museum
1064 2 Yahatano, Ito shi,
Shizuoka ken, Japan 413-02

Nasu Teddy Bear Museum
1185 4 Takukuhei, Nasu-machi,
Nasu-gun, Tochigi-ken, Japan 325-03

HERSTELLER VON TEDDYBÄREN

Werkstatt Allerliebst
Karin De Lorenzo
Bahnstr. 4
D-47623 Kevelaer

Tewi Bär
Doris Tewes
Herrenteich 55
D-49324 Melle

Monika Stein
Birkenweg 6
D-56294 Wierschem

Grisly-Spielwaren GmbH
Beethovenstraße 1
D-67292 Kirchheimbolanden

Hans Clemens GmbH
Waldstrasse 34–36
D-74912 Kirchardt/Heilbronn

Margarete Steiff GmbH
Alleenstraße 2
Postfach 1560
D-89537 Giengen/Brenz
Webseite: www.steiff.com

Hanne Schramm
Sudetenstraße 21a
D-91220 Schnaittach

Sigikid
H.Scharrer & Koch GmbH
Am Wolfsgarten 8
D-95511 Mistelbach

Gebrüder Hermann KG
Postfach 1207
Amlingstadter Strasse 6
D-96114 Hirschaid

HERMANN-Spielwaren GmbH
Im Grund 9-11
D-96450 Coburg-Cortendorf
E-Mail: hermannco@aol.com
Webseite:
www.members.aol.com/hermannco

Althans KG
Horberstraße 4
D-96465 Neustadt-Birkig

Baku, Baumann & Kienel KG
Coburger Straße 53
D-96476 Bad Rodach bei Coburg

Johanna Haida Teddy Bears
Cuno-Hoffmeister-Straße 5
D-96515 Sonneberg

Zwergnase
Nicole Marschollek-Menzner
Gewerbegebiet 2
D-96528 Schalkau

Steiner Teddybären,
Steiner GmbH
D-99887 Georgenthal

Berg Spielwaren
Tiere mit Herz GmbH
Rosenegg 66
A-6391 Fieberbrunn

Les Créations Anima
Parc des Acqueducs
F-69230 Saint Genis Laual

Boulgom
Rue des Gilères
BP 91
F-74150 Rumilly

Nounours
Le Roche Bidaine
F-35210 Chatillon-en-Vendelais

Thiennot
BP 6
Rue du Stade
F-1022 Piney

Big Softies
Otley Mills
GB-Ilkley Road,
West Yorkshire LS21 3JP

Dean's Company (1903)
Pontypool
GB-Gwent,
Wales NP4 6YY

Merrythought Ltd
GB-Ironbridge,
Shropshire TF8 7NJ

Sandra Wickenden
Wickenden Bears
28 Merevale Road
GB-Gloucester GL2 0QY

Sue Quinn
Dormouse Designs
The Old Drapery
GB-Quarriers Village
by Bridge of Weir,
Scotland PA11 3SX

Sue Schoen
9 Radnor Drive
GB-Tonteg, Mid-Glamorgan
CF38 1LA

CHRISTIE'S-ADRESSEN

Amsterdam
Cornelis Schuytstraat 57
1071 JG Amsterdam
Tel.: 31 20 57 55 255
Fax: 31 20 66 40 899

Athen
26 Philellinon Street
10558 Athens
Tel.: 30 1 324 6900
Fax: 30 1 324 6925

Bangkok
Unit 138-139, 1st Floor
The Peninsula Plaza
153 Rajadamru Road
10330 Bangkok
Tel.: 662 652 1097
Fax: 662 652 1098

Edinburgh
5 Wemyss Place
Edinburgh EH3 6DH
Tel.: 44 131 225 4756
Fax: 44 131 225 1723

Genf
8 Place de la Taconnerie
1204 Genève
Tel.: 41 22 319 17 66
Fax: 41 22 319 17 67

Hongkong
2203-5 Alexandra House
16-20 Chater Road
Hong Kong Central
Tel.: 852 2521 5396
Fax: 852 2845 2646

London
8 King Street, St James
London SW1Y 6QT
Tel.: 44 20 7839 9060
Fax: 44 20 7839 1611

London
85 Old Brompton Road
London SW7 3LD
Tel.: 44 20 7581 7611
Fax: 44 20 7321 3321

Los Angeles
360 North Camden Drive
Beverly Hills
CA 90210
Tel.: 1 310 385 2600
Fax: 1 310 385 9292

Melbourne
1 Darling Street
South Yarra, Melbourne
Victoria 3141
Tel.: 61 3 9820 4311
Fax: 61 3 9820 4876

Mailand
Piazza Santa Maria delle Grazie, 1
20123 Milano
Tel.: 39 02 467 0141
Fax: 39 02 467 1429

Monaco
Park Palace
98000 Monte Carlo
Tel.: 377 97 97 11 00
Fax: 377 97 97 11 01

New York
20 Rockefeller Plaza
New York NY 10020
Tel.: 1 212 636 2000
Fax: 1 212 636 2399

New York
219 East 67th Street
New York NY 10022
Tel.: 1 212 606 0400
Fax: 1 212 737 6076

Rom
Palazzo Massimo Lancellotti
Piazza Navona, 114
00186 Roma
Tel.: 39 06 686 3333
Fax: 39 06 686 3334

Singapore
Unit 3, Parklane,
Goodwood Park Hotel
22 Scotts Road
Singapore 228221
Tel.: 65 235 3828
Fax: 65 235 8128

Taipei
13F, Suite 302
No. 207
Tun Hua South Road
Section 2
Taipei 106
Tel.: 886 2 2736 3356
Fax: 886 2 2736 4856

Tel Aviv
4 Weizmann Street
Tel Aviv 64239
Tel.: 972 3 695 0695
Fax: 972 3 695 2751

Zürich
Steinwiesplatz
8032 Zürich
Tel.: 41 1 268 1010
Fax: 41 1 268 1011

AUSGEWÄHLTE BIBLIOGRAPHIE

Axe, J., *The Magic of Merrythought*, Hobby House Press Inc., Cumberland, Maryland 1986; 2. Aufl.; Merrythought, 1998

Casparek-Türkkan, Erika, *Tedddybären. Vom Kuscheltier zum Sammlerobjekt*, Heyne, München 1998

Cieslik, J. und M., *Knopf im Ohr. Die Geschichte des Teddybären und seiner Freunde*, Marianne Cieslik Verlag, Jülich 1989

Cockrill, Pauline, *The Teddy Bear Encyclopedia*, Dorling Kindersley Ltd. London 1993

Cockrill, Pauline, *Das große Buch der Teddybären*, Mosaik, München 1992

Cook, Carolyn (Hrsg.), *Best of Teddy Bear & Friends Magazine – The Ultimate Authority*, Hobby House Press Inc., Cumberland, Maryland 1992

Fox Mandel, Margaret, *Teddy Bears & Steiff Animals*, Collector Books, Paducah, Kentucky 1994

Hebbs, Pam, *Collecting Teddy Bears*, Pincushion Press Collectibles Series, New Cavendish Books, London 1992

King, Constance Eileen, *The Century of the Teddy Bear*, Antique Collectors' Club, Woodbridge, Suffolk 1997

Leibe, Frankie, Leyla Maniera und Daniel Agnew, *Miller's Soft Toys: A Collector's Guide*, Octopus Publishing Group Ltd., London 2000

Mullins, Linda, *Fourth Teddy Bear & Friends Price Guide*, Hobby House Press Inc., Cumberland, Maryland 1993

Mullins, Linda, *Teddy Bears Past & Present*, Bd. 2, Hobby House Press Inc., Cumberland, Maryland 1991

Mullins, Linda, *Teddy Bears Past & Present, A Collector's Identification Guide*, Hobby House Press Inc., Cumberland, Maryland 1986

Pearson, Sue und Dottie Ayers, *Teddy Bears: A Complete Guide to History, Collecting, and Care*, Macmillan Publishers Ltd., London 1995

Pfeiffer, Günther, *Steiff-Sortiment, 1947–1999*, GAF, Taunusstein 1999

Pistorious, R. und C., *Steiff, Sensational Teddy Bears, Animals and Dolls*, Hobby House Press Inc., Cumberland, Maryland 1990

Schoonmaker, Patricia W., *A Collector's History of the Teddy Bear*, Hobby House Press Inc., Cumberland, Maryland 1981

Smith, Carol, *Indentification & Price Guide – Winnie the Pooh Collectibles, II*, Hobby House Press Inc., Cumberland, Maryland 1996

Waring, Philippa, *In Praise of Teddy Bears – Collector's Edition*, Souvenir Press Ltd., London 1997

REGISTER

Die Autorin möchte ihren Dank aussprechen:

Der Margarete Steiff GmbH für ihre Unterstützung und die Bereitstellung wertvoller Materialien, besonders Thomas Falk, Martin Frechen und Manuela Fustig
Ian Pout und allen Mitarbeitern von Teddy Bears of Witney
Lesley und Peter Earthy und allen Mit-arbeitern von Donnington Bears
Peter und Leanda Woodcock
Slaney Begley
Jane Dymond
Dee Hockenberry
Sandra Wickenden
Audie Sison
Gregory Gyllenship
Elizabeth Leggat
Teddy Bear Times
Pat Rush
Good Bears of the World
Jill und George Mooratoff
GAF Günther Pfeiffer GmbH, besonders Günther Pfeiffer

Besonderer Dank gilt:

Ian Munro
Pam Hebbs, meiner lieben Freundin, die mich inspirierte
Dr. Maniera, meiner genialen Schwester, für ihre Unterstützung und Stärke
Mama, für ihre liebevolle Fürsorge
Alexa, für Intelligenz und Phantasie
Allen auf der Park House Farm
und schließlich und endlich
William

Bildunterschriften:

S. 2: Amerikanisch, Aloysius, 1907. Der Star aus *Wiedersehen mit Brideshead* (Granada Television), ehemals bekannt als Delicatessen.

S. 20 (Kapitel 1): Ein Steiffbär 28 PB, ca. 1904. Von diesem frühen Exemplar wird angenommen, dass er zu den ältesten erhaltenen Teddybären der Welt gehört. Er war der unmittelbare Nachfolger von Bär 55 PB.

S. 30 (Kapitel 2): Eine Gruppe Bären aus dem »Boom-Jahr« 1908, hergestellt von Steiff, Gebrüder Bing und Chiltern Toys.

S. 70 (Kapitel 3): Eine Gruppe Bären von Steiff, J. K. Farnell und Chiltern Toys, den führenden Herstellern der »Roaring Twenties«.

S. 116 (Kapitel 4): In den 50er Jahren produzierten Steiff, Schreyer & Co. (Schuco) und Merrythought Ltd. diese Bären.

S. 136 (Kapitel 5): Merrythought Ltd., Cheeky, aus den 70ern. Merrythoughts Klassiker wurde aus Kunstnerz und mit Plastikaugen gefertigt.

S. 150: Merrythought Ltd., James, 1993. Diese limitierte Auflage, entworfen von Merrythoughts Designdirektorin Jacqueline Revitt und gekleidet wie James Christie, dem Gründer des Auktionshauses, war zur Feier der ersten ausschließlich auf Teddybären spezialisierten Auktion bei Christie's South Kensington hergestellt worden.

Quellenverweis:

S. 10: John Betjeman, *Summoned by Bells* (John Murray Publishers Ltd.)

S. 77: A.A. Milne, *Winnie the Pooh*, zuerst veröffentlicht am 14. Oktober 1926, Copyright nach der Berner Konvention, Verwendung mit der Erlaubnis von Egmont Children's Books Ltd.

Bildnachweis:

S. 69 (3): Reg Speller 1940, Hulton Getty. S. 73: Howard Coster, Bridgeman Art Library. S. 115 (3): © Express Newspapers, (5): © Granada Television Ltd. S. 148 (2): Granada Television Ltd, (4): © Disney Enterprises, Inc., (5): The Copyrights Group Ltd.

COLLECTION
ROLF HEYNE

Catherine Fairweather · Mark Luscombe-Whyte
LEBEN UND WOHNEN IN ITALIEN
ISBN 3-453-19520-5

Aristokratische Residenzen, romantische Landhäuser, elegante Stadtwohnungen … Prominente, Künstler und Intellektuelle aus aller Welt öffnen Türen und Tore zu ihren Häusern in Italien – von Venedig über Rom bis nach Palermo – und gewähren dem Leser einen einmaligen Einblick in die Kleinode italienischer Architektur und Lebensart.

Nikko Amandonico
LA PIZZA
Ein Blick in die Seele von Neapel
ISBN 3-453-18587-0

Der mit beeindruckenden, sinnlichen Fotos ausgestattete Bildband führt mitten ins pulsierende Herz von Neapel. Wo auch sonst als in ihrer Heimat ließe sich die einzig wahre Geschichte der Pizza erzählen? Mit historischen Anekdoten und aktuellen Tipps, mit Rezepten und Bildern von Originalschauplätzen ist *La Pizza* ein Buch zum Schwelgen für Mezzogiorno- und »pizza vera«-Fans.

»Vorsicht! Dieses Buch kann süchtig machen!« *Amica*

Reinhart Wolf
JAPAN. KULTUR DES ESSENS
ISBN 3-453-20655-X

Nirgendwo besser als in diesem Band beweist der weltberühmte Fotograf Reinhart Wolf seine Sensibilität und sein meisterhaftes Können. Vor seiner Linse verwandeln sich japanische Speisen zu zeitlosen, erhabenen Skulpturen. Mit suggestiven Fotos setzt er die raffinierten Gerichte der Zen-Kultur elegant und künstlerisch in Szene, sodass sie an abstrakte Kunstwerke erinnern. Ein wahres Fest fürs Auge!

COLLECTION ROLF HEYNE

LIFESTYLE | FOTOKUNST
CULINARIA | EXKLUSIVES SACHBUCH

Daniel Popp · Jean-Luc Manaud
DIE WÜSTE LEUCHTET
Zu Fuß durch die Sahara
ISBN 3-453-19528-0

Seit über dreißig Jahren erforscht der passionierte Abenteurer und Wüstenkenner Daniel Popp die Sahara. In diesem beeindruckend bebilderten Band führt er den Leser auf eine Wanderung durch die algerische Wüste, die mit ihren mysteriösen Steinformationen, ihrem scharfen Wechsel zwischen Licht und Schatten und ihrer fast hörbaren Stille Gelegenheit zur Selbstfindung und Selbsterkenntnis bietet.

François Bellec
DIE ENTDECKUNG DER WELT
Christoph Kolumbus, Vasco da Gama, James Cook u.a.: Ihre abenteuerlichen Seereisen
ISBN 3-453-19521-3

Fünf Jahrhunderte europäischer Entdeckungsgeschichte umspannt dieses Buch, das die großen Seefahrten aus der Sicht ihrer berühmten Protagonisten darstellt. Ihre Aufzeichnungen versprechen nicht nur eine spannende Lektüre, sondern verraten auch viel von den Beweggründen der maritimen Entdecker und ihren Abenteuern auf unbekanntem Terrain.

»Ein Buch zum Träumen« *GEO*

»Ein Glanzlicht unter den Bildbänden« *Grands Reportages*

Steve Razzetti
TOP TREKKING
Die aufregendsten Touren der Welt
ISBN 3-453-19522-1

In eisige Höhen, über verschneite Pässe und tosende Gletscherbäche, durch die Wüste und üppige Hangvegetation – Steve Razzetti, passionierter Asien-Trekker und Mitglied des Alpine Clubs, führt den Leser rund um den Globus auf Pfade in tausenden Metern Höhe und weiht ihn in die Geheimnisse des Trekkings ein, das gleichzeitig Sport und Meditation ist.

COLLECTION ROLF HEYNE

LIFESTYLE | FOTOKUNST
CULINARIA | EXKLUSIVES SACHBUCH